평범한 사람이
특별해지는 방법

평범한 사람이
특별해지는 방법

초판 발행 | 2018년 12월 25일

—

지은이 | 노경섭

—

만든이 | 이은영
만든곳 | 오후의책
등 록 | 제2015-000040호
주 소 | 세종시 새롬남로 18
메 일 | ohoonbook@naver.com
전 화 | 070-7531-1226
팩 스 | 044-862-7131

—

ISBN | 979-11-87091-12-7   03190
값 | 14,000원

3B로 인생을 바꾸다

평범한
사람이
특별해지는
방법

노경섭 지음

오후의책

누구나 알지만 아무나 하지 않는
특별해지는 방법

"어떻게 해야 성공할 수 있을까요?"

"지금부터 비결을 알려주지. 첫 번째로 이것을 하게. 내가 내준 숙제를 마치면 연락하게."

"도사님, 다 했습니다."

"잘했네. 이제 두 번째 숙제를 주겠네. 이것도 마찬가지일세. 숙제를 마치면 연락 주시게."

"도사님, 다 했습니다."

"이제 이것만 하면 성공은 눈앞에 보일 걸세. 마지막 숙제일세."

"도사님, 여기 있습니다."

"수고했네. 자, 여기 성공을 받으시게. 이제 알겠나? 성공하는 방법을."

꿈이다. 현실에서는 누구도 성공하는 방법을 알려주지 않는다. 성공하고 싶은데 방법을 몰랐다. 물려받은 재산이 있는 것도 아니고, 학벌이 좋은 것도 아니다. 대기업에 다니며 돈 걱정 없이 사는 것도 아니고, 정해진 미래도, 마음 편히 기댈 안식처도 없었다. 나는 지극히 평범한 사람이었고, 평범하다 못해 열등감과 불안감에 사로잡혀 있었다.

나름대로 열심히 살았다. 고등학교를 졸업하는 순간 어머니는 돈을 주지 않았다. 대학을 다니는 내내 과외를 하며 학비를 벌었다. 영어 공부도 하고 간간히 책을 읽었다. 틈나는 대로 운동도 했다. 그러나 삶이 달라지지는 않았다. 겨우 생계를 유지할 뿐 성공과는 거리가 멀었다.

현실에 주저앉을 수는 없었다. 한 번뿐인 인생인데 성공하고 싶었다. 남들처럼 좋은 집에, 좋은 차에, 음식 값 걱정 없이 마음 놓고 가족들과 식사를 하고 싶었다. 희망보다 걱정이 많은 삶에 압도당하기 싫었다. 무엇보다 내 삶의 주인으로 살고 싶었다.

누구나 한 번쯤 당찬 결심과 함께 플래너를 사본 적이 있을 것이다. 그러나 결심과는 달리 어느샌가 플래너는 책장 구석에 방치되기 마련이다. 나도 마찬가지였다.

우연히 바인더를 알게 되었다. 바인더를 사용하기 시작하면서부터 나는 조금씩 달라졌다. 플래너와 달리 바인더는 내 삶을 완전히 바꾸어 놓았다. 플래너는 누군가 만들어 놓은 틀에 나의 생각과 목표를 적게 되어 있어 편집과 수정이 어렵다. 그러나 바인더는 내가 원하는 대로 내용을 편집하여 넣을 수 있다. 언제든 종이에 구멍을 뚫어 바인더에 넣기만 하면 된다. 바인더를 통하여 꿈과 목표를 설정하고 관리하는 능력을 알게 된 것이다. 성공한 사람들은 항상 이 말을 잊지 않는다. '목표를 종이에 적어라.' 나도 나의 꿈과 목표를 종이에 적고, 구멍을 뚫어 바인더에 꽂았다. 항상 바인더를 들고 다니며 목표를 보았다. 꿈을 이루기 위한 구체적인 목표를 세우고 실천했다. 더 나은 꿈이 생기면 종이에 적었다. 때로는 목표를 수정했다. 나 스스로 삶의 변화를 느낄 수 있었다. 바인더는 도사님의 첫 번째 선물이었다.

바인더를 쓰는 것이 습관이 되면서 자연스럽게 책으로 관심이 옮겨갔다. 성공하고 싶다는 목표를 세웠으면 목표를 이루는 방법을 알아야 했다. 스승을 찾아 나섰다. 가장 훌륭한 스승은 서점에 있었다. 독서는 성장의 핵심도구이다. 목표를 빠르게 달성할 수 있도록 길을 알려준다. 우리는 시간을 내어 책을 읽기만 하면 된다. 도사님의 두 번째 선물은 세상 도처에 널려 있었다. 단지 내가 알아보지 못 했을 뿐이었다.

종교를 통해 거듭 성장하는 방법을 알게 되었다. 종교마다 겉모습은 다르지만 공통적으로 말하는 것이 있다. 천주교와 기독교는 사랑을, 불교는 자비를 강조한다. 이를 다른 말로 하면 '선한 영향력'이다.

선한 영향력은 다른 사람을 돕는 것이다. 내가 알고 있는 것, 가지고 있는 것을 능력의 범위 안에서 베푸는 것이다. 베푸는 것은 언뜻 보기에 손해처럼 보인다. 나의 돈과 시간을 써야하기 때문이다. 그러나 가장 좋은 학습은 가르치는 것이라는 말이 있듯, 성장을 가장 촉진하는 것은 나눔이다. 나눔을 통해 거듭 성장할 수 있었다.

이른바 '3B(Three B)'를 만나면서 인생이 변하기 시작했다. 3B는 바인더(Binder), 독서(Book), 종교의 핵심 메시지인 선한 영향력(Bible)의 첫 글자를 따온 말이다. 내게 3B는 꿈에서 보았던 도사와 같았다. 성공하고 싶은 방법을 찾아 헤매던 내게 든든한 길잡이가 되어 주었다. 3B와 함께하니 평범한 내가 점점 특별해지는 것을 느낄 수 있었다.

사실 3B는 특별하지 않다. 이미 성공한 무수히 많은 사람들이 알고 있는 방법이다. 나는 다만 누구나 쉽게 적용할 수 있도록 체계적으로 정리했을 뿐이다. 성공하고 싶은데 길을 찾지 못하고 방황하는 사람들이 3B를 통해 어느샌가 저만큼 성장해 있음을 느낄 것이다. 3B를 실천하게 된다면 당신은 남과는 다른 특별한 사람으로 성장할 것이다.

CONTENTS

내 삶의 가장 큰 축복,
아내 혜원에게 고마움을 전합니다.

Part 1

변화에는
도구가 필요하다

1

변화를 꿈꾸는 사람들

아버지와 어머니는 내가 초등학교 2학년 때 이혼을 했다. 아버지는 새 가정을 차렸고, 어머니가 나와 동생을 키웠다. 주부로 살아온 어머니는 그때부터 레스토랑에서 일하기 시작했다. 어머니는 우리가 잘 때쯤 집에 들어왔다. 어머니를 기다리며 온종일 TV를 봤다. 자연스레 우리 형제는 공부와 담을 쌓았다. 나는 겨우 인문계 고등학교에 들어가고, 동생은 실업계 고등학교에 갔다. 고등학생 때는 친구들과 노느라 공부를 하지 않았다. 담배 피고 술 마시며 PC방이나 노래방에서 시간을 보냈다. 호텔 셰프를 꿈꿨으나 경희대학교 조리과학과에 가기에는 형편없는 성적이었다.

고등학교를 졸업하고 본격적으로 공부를 시작했다. 혼자 독서실에서 재수를 준비했다. 무료 인터넷 강의를 들으며 나름 열심히 공부했다. 그러나 대학에 가기엔 턱없이 낮은 점수를 받았다. 삼수를 하겠다는 나를 어머니가 만류하였다. 전문대에 가는 것이 어떻겠냐고 했다. 집엔 돈이 없었다. 삼수를 해서 좋은 학교에서 간다는 보장도 없었다. 설령 좋은 점수가 나온다 한들 서울에 있는 대학에 보내줄 형편도 아니었다.

그런데 전문대에 가면 인생이 끝날 것만 같았다. 삼수를 하려면 돈이 있어야 했다. 두 번째 수능을 치르고 대구의 큰 중식당 주방에서 일을 했다. 몇 달치 월급을 모아 재수학원에 등록했다. 돈이 부족해서 혼자 공부를 하려고 했지만, 큰어머니가 학원비를 일부 내어주신다고 하여 못이기는 척 등록했다. 독서실에서 혼자 공부하던 사람이 재수학원에 가니 공부가 너무 재미있었다. 그리고 절박했다. 이번이 마지막이었다. 더는 기회가 없었다. 미친 듯이 공부한 1년이었다.

점수는 수직상승했다. 재수 때 치른 수능과 비교하여 100점이나 높은 점수가 나왔다. 서울에 가기에도 충분한 점수였다. 그러나 현실의 벽은 높았다. 사립대 학비와 서울 생활비를 감당할 엄두가 나지 않았다. 어쩔 수 없이 대구교대에 들어갔다. 학비가 가장 저렴했다. 과외로 학비와 용돈을 벌 수 있기도 했다. 집에서 통학할 수 있어 생활비를 절약할 수 있었다.

같이 놀던 친구들이 나를 달리 보기 시작했다. 뒷골목에서 담배를 피우던 사람이 교대에 갔기 때문이다. 교대에 다닌다는 것만으로도 나는 착실한 청년이 되었다. 그러나 나 스스로는 여전히 열등감에 휩싸여 있었다. 이혼가정에서 자랐다는 것, 항상 돈 걱정을 하며 살아야 하는 것은 스스로를 감옥에 가두었다. 항상 불안했고 자신감이 부족했다. 당장 내일 쓸 돈과 다음 학기 학비를 걱정해야 했다. 학교에서 만나는 선배들은 왜 그렇게 바쁘게 사냐고 했다. 바쁘게 살고 싶은 사람이 어디 있을까. 바쁘게 살지 않으면 당장 내일이 없었다.

교대를 다니는 4년 내내 과외를 했다. 어머니는 학비와 용돈을 따로 주지 않았다. 악착같이 과외를 했다. 틈틈이 모은 과외비로 운동을 시작했다. 테니스를 배우고 헬스를 했다. 2학년 때는 거금을 들여 산악자전거를 사서 동호회 활동을 했다. 3학년 때는 교생실습을 가서 50명의 교생 중에 대표로 수업을 하기도 했다. 4학년 때는 다른 학생들과 마찬가지로 임용고시 준비를 했다. 그때도 과외는 계속해야 했다. 당장 먹고 살 돈이 없었다. 임용고시를 쳤다. 1차 객관식 시험에서 매우 높은 성적을 거두었다. 2차는 주관식 시험이다. 외우는 것을 극도로 싫어하는 나는 2차 시험이 여간 어려운 것이 아니었다. 이때 처음으로 MBC 예능 '무한도전'을 보았다. 공부하는 스트레스를 '무한도전'을 보는 것으로 풀었다. 그러나 도가 지나쳤다. 결국 임용고시에 떨어졌다.

군대를 가야했다. 군대에 가기 전에도 돈을 벌어야 했다. 수원에서 기간제 교사를 했다. 군대에 가기 전 5개월간 초등학교 4학년 담임선생님이 되었다. 그리고 그해 9월 공군에 입대했다. 15주간의 훈련을 마치고 공군 장교로 임관하였다. 특기교육을 마치고 서산에 있는 제20전투비행단에 배치를 받았다. 자대에 가서 한동안 업무에 적응하느라 바쁜 시간을 보냈다. 개인적인 시간은커녕 밤늦게까지 야근을 하고 주말에도 출근하는 날이 잦았다. 앞으로 무엇을 하고 살아야 하나 고민이 되었다. 이렇게 일만 하고 살 수는 없었다.

여름부터 다시 임용고시 공부를 시작했다. 부대 근처에서 있는 한서대학교 도서관을 주로 이용했다. 여름방학에 대학 도서관은 무척이나 조용했다. 학생들 대부분이 타지에 살기 때문에 도서관 전체에 십여 명밖에 없었다. 공부하기엔 최적의 조건이다. 그러나 막상 책상에 앉으니 어디서부터 공부를 해야 할지 감이 잡히지 않았다. 여전히 암기는 싫어했고 공부에 흥미가 생기지 않았다. 어영부영 시간을 보내다 두 번째 임용고시를 치렀고 또 떨어졌다. 그 다음해도 똑같은 일이 반복되었다. 임용고시 공부에 흥미가 없었고 목숨 걸고 공부하지 않았다. 군대에서 꼬박꼬박 월급이 나왔기 때문일까. 당장은 먹고 살만 했다. 수능을 세 번 보았고, 임용고시도 세 번을 보았다. 수능은 성공적이었고, 임용고시는 쪽박이었다. 앞이 보이지 않았다. 전역을 하고 사회로 나가 임용고시를 준비한다면 잘할 수 있을까. 자신이 없었다. 임용고시는 암기 시험이다. 무작정 외우는 것은 젬병이다. 군대에서 시간을 조금 더 가져보기로 했다. 의무복무 기간 만료 1년을 앞두고 2년 연장을 신청했다.

나의 꿈은 18살 때부터 셰프가 되는 것이었다. 그 꿈은 '미국에서 셰프가 되는 것'으로 자라났다. 미국에는 소위 세계 3대 요리학교라고 하는 CIACulinary Institute of America가 있다. CIA에서 요리를 배우고 싶었다. 그런데 CIA에 가려면 1억 정도는 있어야 한다. 그 돈이 내게 있을 리 만무했다. 돈을 모아야 했다. 군인이나 교사나 같은 공무원이고, 서로 받는 월급도 비슷하다. 1억을 모으는 것이 목표라면 어느 쪽이든 상관없을 것 같았다. 다시 장기복무 신청을 했다. 장기복무는 진짜 직업군인이 되는 것이다. 장기복무로 선발되는 순간 의무복무 기간이 3년에서 10년으로 훌쩍 늘어난다. 그래도 상관없었다. 어차피 1억을 모아야 했기 때문이다.

장기복무 선발 결과가 발표되는 날이었다. 장기복무 선발을 손꼽아 기다리는 동기들이 많았다. 그런데 나는 기대도 설렘도 없었다. 다른 이들에게는 그토록 원하는 결과겠지만 내게는 어쩔 수 없는 선택이었다. 장기복무 선발에 합격했다. 모두가 축하해 주었다. 겉으로는 웃었지만 속은 답답했다. 내 인생의 앞날이 보이지 않았기 때문이었다. 안개 속을 지나는 기분이었다.

돌이켜 보면 열심히는 살았다. 변화하려고 노력했다. 단 하루도 놀지 않고 수능 공부를 해서 교대에 갔고, 4년 내내 과외를 하며 학비와 용돈을 벌었다. 교대에 간 것으로 인생이 드라마처럼 바뀌지 않았다. 임용고시에 떨어졌고 대학 4년이 무의미해졌다. 군대에서 안정적으로 월급을 받았다. 그런데 여전히 답답했다. 성공하고 싶었고 잘 살고 싶었다. 그러나 어떻게 해야 할지 몰랐다.

어머니를 원망했다. 자식을 이렇게 키울 거면 왜 세상에 태어나게 했을까. 책임지지도 못할 거면서 왜 낳았을까 원망했다. 이혼한 부모 밑에서 자란 창피함과 가난한 집에서 힘들게 자란 시간들이 떠올랐다. 어머니처럼 살고 싶지 않았다.

변화하고 싶지만 현실의 장벽은 높았다. CIA를 가려면 무려 10년을 악착같이 모아야 겨우 갈 수 있다. 그렇다고 영어를 빼어나게 잘 하는 것도 아니고, 학벌이 좋은 것도, 머리가 특출하게 좋은 것도 아니었다.

많은 청춘들이 나와 같은 처지에 있을 것이다. 변하고 싶은데 변화하는 방법을 모른다. 열심히 살면 인생이 바뀔까 막연한 고민만 한다. 혹은 현실에 파묻혀 내일을 생각할 여유조차 없을지도 모른다. 갈수록 의지도 부족해지고, 퇴근하면 반드시 가겠다던 도서관보다 친구와 즐기는 시간이 많아진다. 나와 같은 처지에 있는 사람들과 어울려 이야기 하다 보면 불안에서 해방되는 것을 느낀다. 나만 외톨이가 아닌 것처럼 느껴지는 것이다.

우연히 서장훈 선수의 인터뷰를 보았다. 자신은 단 한 번도 농구를 즐긴 적이 없다고 했다.

"저는 '일을 즐겨라'라는 말이 싫어요."

그냥 즐겨서는 자신이 원하는 '범접할 수 없는 선수'가 될 수 없다고 했다. 코뼈가 부러져도 경기에 나섰고, 매일 매일을 자신의 나약한 의지와 싸우는 처절한 삶이었을 것이다.

'인생을 즐겨라'라는 말은 멋있다. 그러나 변화하고 싶다면 마냥 즐길 수 없다. 처절한 노력이 있어야 한다. 내 삶에도 처절함이 있었다. 아버지와 어머니의 이혼, 그 후에 찾아온 가난의 시절, 이혼 가정이라는 창피함, 외로운 재수시절, 대학생활을 즐기지 못하고 돈을 벌어야 했던 시간, 잊고 싶어도 잊히지 않는 처절한 세월이었다.

2

왜 변화하지 못 하는가

  우리는 왜 변화하지 못 하는가? 첫 번째 원인은 원대한 꿈만 생각하고 세부적인 목표에는 집중하지 않기 때문이다. 소셜미디어에서 몸매가 멋진 사람의 사진을 보고는 다이어트를 결심한다. 식단을 생각하고 헬스장에 등록한다. 그리고 '오늘이 마지막'이라며 치킨을 주문한다. 헬스장에 가는 것은 '내일부터 꼭 가야지' 하며 미뤄버린다. 내일이 되면 약속이 생기고, 다이어트는 다음 날로 미뤄진다. 대부분의 사람들이 겪는 일이다.

  나의 꿈은 미국에서 셰프가 되는 것이었다. 성공한 오너 셰프가 되고 싶었다. 미국에서 셰프가 되는 것에는 두 가지 길이 있다. 하나는 요리학교를 졸업하고 레스토랑에 들어가 일을 배우는 것이고, 다른 하나는 곧바로 레스토랑에 들어가 일을 하면서 요리를 배우는 것이다. 나는 요리학교에 들어가 제대로 배우고 싶었다. 이왕이면 세계 최고의 요리학교에 가고 싶었다. 소위 세계 3대 요리학교라 하면 미국의 CIA, 프랑스의 Le

Cordon Blue, 일본의 Tsuji 요리학교가 있다. 미국에서 살고 싶은 나의 목표는 CIA에 가는 것이었다.

CIA 홈페이지에서 입학관련 자료를 찾아보았다. 특별히 준비해야 할 것은 두 가지였다. 첫째는 돈, 학비만 무려 8만 불이 들고 생활비까지 생각하면 10만 불이 넘었다. CIA 홈페이지를 몇 번이나 들어갔는지 모른다. 왜 이렇게 학비가 비싼 걸까, 제대로 본 것인지 의심이 들 정도도. 학교를 다니며 조금씩 일을 한다고 쳐도 1억이 들었다. 둘째로 준비할 것은 영어다. 토플 80점 이상을 맞아야 했다. 영어는 노력하면 충분히 할 수 있을 것 같았다. 영어는 어떻게든 한다쳐도 결국 돈이 문제였다. 1억을 모으려면 도대체 어떻게 해야 할지 막막했다. 1억은 도무지 어떻게 해볼 수 없는 어마어마한 액수였다.

등산을 할 때 하산하는 사람에게 물어보는 단골 멘트가 있다.

"정상까지 얼마나 남았어요?"

돌아오는 답변은 한결같다.

"조금만 더 가시면 돼요."

진짜 조금만 더 가면 나올까? 그런데 한 시간은 더 올라가야 정상을 만나게 된다. 그렇다면 하산하는 사람들이 거짓말을 한 것일까? 아니다. 그들에게 정상은 정말 조금만 더 가면 나오는 곳이다. 정상을 다녀온 사람은 정상이 어디인지 알기 때문에 얼마나 더 올라가면 정상에 다다를지 알고 있다.

10km 마라톤에 참석한 적이 있었다. 제20전투비행단 단장(준장)의 전

속부관으로 일하고 있을 때였다. 서산시에서 개최하는 마라톤에 내가 일하던 비행단에서 많은 사람들이 참석하기로 되어 있었다. 단장님도 지역에서 열리는 큰 행사라 마라톤에 참여하기로 했다. 나는 단장의 비서로서 보디가드 개념으로 마라톤에 참석하게 되었다. 오래달리기라면 질색인 내게 1시간을 뛰어야하는 10km 달리기는 엄청난 도전이었다.

한 달 전부터 마라톤을 준비했다. 이틀에 한 번씩 뛰는 거리를 늘려가며 연습했다. 처음 3km까지는 10km 결승점을 생각하니 미칠 노릇이었다. 얼마나 더 뛰어야 결승점에 다다를지 막막했다. 그러나 뛰면서 생각했다. '저기 앞까지만 뛰자, 저기까지만 가고, 그 뒤는 저기까지 간 다음에 생각하자'. 5km를 지나니 호흡이 잡혔다. 지금 당장 해야 할 목표만 생각했다. 숨을 들이쉬고 내뱉는 것에 집중했다. 발바닥과 땅이 부딪히는 느낌에 집중했다. 하나 둘, 하나 둘, 앞뒤로 양팔을 젓는 것에 집중했다. 마라톤 당일에 처음으로 10km를 뛰었고, 55분의 기록으로 완주를 했다.

꿈에 집중하면 꿈을 이루지 못할지도 모른다. 꿈을 이루려면 꿈을 위한 세부적인 목표를 세워야 한다. 10㎞ 마라톤을 할 때는 10m만 더 뛰는 것이 목표다. 결승점을 생각하지 않아야 한다. 몸짱이 되기 위해서는 오

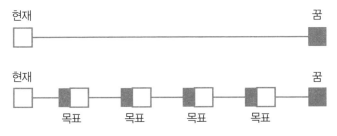

〈꿈을 이루려면 꿈이 아닌 꿈을 위한 세부 목표에 집중하자〉

늘 당장 헬스장에 가는 것이 목표다. 소셜미디어에서 본 몸짱과 내 몸을 비교하지 말아야 한다. 끝을 상상하면 실패할 가능성이 높다. 꿈을 향한 작은 목표에 집중해야 한다.

　변화하지 못하는 두 번째 원인은 작심삼일을 이겨내지 못 하는 것이다. CIA에 가려면 영어 공부를 해야 했다. 토플 80점 이상의 점수가 필요했다. 우선 인터넷에서 토플 시험 수기를 찾아보았다. 어떻게 공부하고 어떤 책이 좋고 어떤 강의를 들어야 할지 정해야 했다. 며칠을 인터넷에서 검색을 했다. 서점에도 갔다. 어떤 책이 가장 좋을지 이것저것 둘러보았다. 그런데 막상 토플을 공부하려니 범위가 너무 넓었다. Reading, Listening, Writing, Grammar, Vocabulary 등 많은 책에 압도당했다. 우선 가장 만만해 보이는 Reading 한 권을 집어 들고 집으로 돌아왔다.
　퇴근하면 매일 한 시간씩 공부하겠다고 다짐을 했다. 첫 날은 순조로웠다. 순조로움을 넘어 경이롭기까지 했다. 앞으로의 공부 계획을 세웠고 두 시간 동안 책을 보았다. 다음 날도 공부를 했다. 스스로가 대견스러웠다. 삼 일째 되는 날 갑자기 회식이 잡혔다. 회식을 마치고 집으로 돌아오니 10시가 다 되었다. 술을 너무 많이 마셨다. 이날 공부는 어쩔 수 없이 내일로 미뤘다. 넷째 날은 사무실에 업무가 많았다. 칼퇴 하기 어려운 날이었다. 야근을 했다. 집으로 돌아오니 11시였다. 피곤이 몰려왔다. 침대에 바로 누웠다. 첫날 세운 야심찬 계획은 어디로 가고 의지는 점점 약해졌다. '내일 하지 뭐, 다음에 하지 뭐.' 스스로 타협을 하고 있었다.
　《아침형 인간》이라는 책을 읽었다. 아침 일찍 일어나기로 작심하고 휴대폰 알람을 6시로 맞췄다. 자기 전 다짐을 했다. '내일은 꼭 6시에 일어나서 공부를 해야지.' 다음 날 아침, 알람 소리에 잠에서 깼다. '너무 피곤한데? 딱 10분만 더 자고 일어나야지.' 10분만 잔다는 게 어느새 7시가 넘었다. 헐레벌떡 출근 준비를 해 사무실로 나갔다. 오늘의 도전은 실패했다. 대신 내일 아침 일찍 일어나면 된다고 다시 한 번 다짐했다. 다음 날 아침 6시, 알람 소리에 잠에서 깼다. 어제와 마찬가지로 너무 피곤했다. 딱 10분만 더 자고 일어나면 좋을 것 같았다. 어제와 같은 일이 반복되었다. 가까스로 지각을 면했다. 삼일 째 아침, 이번에는 아예 6시 알람이 들리지 않았다. 7시가 넘어서야 일어났다. 넷째 날부터는 《아침형 인간》을 읽었다는 것조차 희미해졌다.

일어 학원에 등록한 적도 있었다. 한 달 수강료가 12만 원인데, 석 달을 등록하면 6만 원이나 할인해 준다고 했다. 석 달치 학원비 30만 원을 결제했다. 처음 한 달은 열심히 나갔다. 점점 배우는 난이도가 높아지고 외워야 할 것 들이 많아졌다. 두 달째부터 서서히 학원에 가지 않는 날이 많아졌다. 마지막 달에는 아예 학원에 가지 않았다. 헬스장에 돈을 벌어다주는 고객은 열심히 운동하는 사람이 아니다. 3달을 등록하고 3일 운동하고 헬스장에 나오지 않는 사람들이 헬스장의 주된 수입원이다. 이처럼 작심삼일의 늪은 삶의 모든 영역에서 작동한다. 딱 삼일을 이겨내지 못 하고 스스로 포기하고 만다.

작심삼일을 극복하는 아주 쉬운 방법이 있다. 그것은 작심삼일을 100번 하는 것이다. 가뭄이 들었다. 농민들이 주술사를 찾았다. 이 주술사는 농민들의 부탁을 완벽히 해결하는 사람으로 정평이 나있었다. 농민들은 주술사에게 비가 내리게 해달라고 부탁했다. 주술사는 그날부터 기우제를 지냈다. 하루, 이틀, 삼일, 시간이 많이 지났지만 비는 내리지 않았다. 10일, 20일, 30일이 지나도 비가 오지 않았다. 농민들은 주술사를 의심하기 시작하였다. 주술사는 걱정하지 말라고 농민들을 안심시켰다. 자신을 믿으라고 하였다. 기도는 계속됐다. 50일이 지나고, 70일이 지나고 100일이 거의 다 되었을 무렵 드디어 비가 내렸다. 농민들은 주술사의 기도 덕분에 비가 왔다고 여겼다. 주술사가 한 일은 무엇이었을까? 주술사가 한 일이라고는 비가 올 때까지 멈추지 않고 기우제를 지낸 것 밖에 없었다.

아침형 인간이 되고 싶은가? 딱 3일만 도전해 보자. 3일 모두 실패했는가? 다시 도전하자. 두 번째도 실패했다면 세 번째 작심삼일에 도전하자. 세 번째조차 실패할 수도 있다. 그러면 며칠 쉬었다 네 번째 작심삼일에 도전하면 된다. 중요한 것은 포기하지 않는 것이다. 성공할 때까지 도전하면 실패는 없다.

변화하고 싶다면 꿈을 향한 목표를 잘게 쪼개야 한다. 매일 성취할 수 있는 작은 목표에 집중해야 한다. 작은 목표를 이루다 보면 그것이 곧 꿈이 되는 것이다. 그리고 끝없이 도전해야 한다. 실패는 누구나 만나기 마련이다. 매일매일이 실패일 수 있다. 그러나 포기해서는 안 된다. 오늘 실패하면 내일 도전하면 되고, 내일 실패하면 또 다른 내일이 찾아온다. 진정 변화하고 싶다면 작은 목표에 집중하고 끊임없이 도전하라.

3

우연히 찾아온 기회

소위로 임관하여 9개월 차에 접어들었다. 우리 사무실의 부서장이 바뀌었다. 나의 두 번째 보스가 왔다. 첫 번째 보스는 내게 일하는 법을 가르쳤다. 막 소위로 임관한 사람이 일을 잘 하면 얼마나 잘 할까. 그럼에도 불구하고 내게 화내는 법이 없었다. 대신 질문이 많았다. "이렇게 계획한 근거가 뭐야?" 항상 근거를 찾았다. 덕분에 나는 다른 소위들은 잘 접하지 않는 비밀문서를 많이 보았다. 그리고 꼼꼼하게 일하는 습관을 갖게 되었다.

두 번째 보스는 첫 번째 보스와는 많이 달랐다. 그의 이름은 조상환 중령이다. 군대의 보스들은 자신들의 집무실이 따로 있다. 부서원들이 쓰는 사무실과 대게 맞닿아 있기는 하지만 혼자 쓰는 방이 있다. 조 중령은 자신의 집무실을 쓰지 않았다. 대신 내 옆자리에 앉았다. 3개월만 있다가 다른 부대로 가야 하니, 업무 파악과 의사소통을 위해서 따로 사무실을 쓰지 않겠다고 하였다. 졸지에 옆자리에 보스가 앉아 일을 하게 되었다. 휴대폰을 보는 것도 눈치 보이고, 잠깐 여유를 가지고 쉬는 것도 여간 신경 쓰였다.

그는 얼리어답터였다. 2011년 당시 아이폰은 기본이고, 맥북과 킨들을 사용하고 있었다. 특히나 킨들을 주변 사람들에게 많이 추천했고, 나도 혹하는 마음에 아마존에서 직구를 하여 사용했다. 또한 만년필에도 관심이 많았다. 필통을 열면 여러 자루의 만년필이 나왔다. 말로만 듣던 만년필을 쓰는 사람을 처음 보았다. 호기심에 만년필 몇 개를 빌려서 써보았다. 며칠 뒤 나도 RAMY 만년필 한 자루를 구입했다. 그는 시계에도 관심이 많았다. CITIZEN에서 나온 조종사용 시계를 사용하고 있었는데, CITIZEN에서 개최하는 글쓰기에 응모를 하여 받았다고 했다. 카메라 또한 마찬가지다. DSLR은 물론이고 라이카 사진기도 갖고 있었다. 그리고 프랭클린 플래너를 사용하고 있었고, 그 외에도 로디아 메모지의 광팬이었다. 책에도 관심이 많았다. 항상 공부하려고 노력했다. 하루는 내게 바인더를 써보라며 《성공을 바인딩하라》는 책을 추천하였다. 책이라고 하기엔 굉장히 특이했는데, 일반적인 형태의 책이 아니라 바인더 형태의 책이었다. 성과를 내고 싶다면 바인더를 사용하라는 내용인데, 업무에 성과가 없어 고민하던 차에 딱 맞춤한 책이었다. 바인더와의 인연은 이렇게 시작되었다.

바인더를 쓰기 전에는 해야 할 일을 이면지에 메모하거나 컴퓨터 메모장에 적어 두었다. 또한 공군에서는 바인더 형식으로 된 '업무수첩'을 나누어 주는데 이 수첩에 메모하기도 하였다. 일이 워낙 많아서 할 일을 적어놓지 않으면 항상 실수가 생겼다. 그러다 표를 만들어 해야 할 일을 체계적으로 기록하였다. 그리고 구멍을 뚫어 업무수첩 바인더에 꽂아두고 사용하기 시작했다. 비록 초보단계였지만 주먹구구식으로 메모하던 습관을 체계적으로 관리하기 시작한 것이다.

그로부터 3년이 흘러 대위가 되었다. 대위가 되었는데 업무능력은 그대로인 것 같았다. 사실 중위나 대위는 어깨에 달린 계급장만 다를 뿐이지, 대위가 되었다고 갑자기 능력이 올라가는 것이 아니다. 게임에서는 레벨 업을 하면 능력치가 확연히 달라지지만 현실은 그렇지 않다.

반면 사람들은 중위와 대위를 대하는 기대치가 다르다. 중위까지는 철부지 장교지만 대위부터는 고급장교에 속한다. 기대하는 만큼 잘 하고 싶은 답답함이 있었다. 그때 마침 생각난 것이 바인더 강의였다. 바인더는 계속 사용하고 있었지만, 단순히 업무 목록을 적는 수준에 그치고 있었다. 무엇이든 돌파구가 필요했다.

그러던 차에 바인더와 관련된 자기경영 강의를 듣게 되었다. 여기서 배운 것을 따라하면 나도 성공한 사람이 될 것만 같았다. 단순히 바인더 쓰는 방법을 배우는 강의가 아니었다. 성공하려면 어떻게 해야 하는지, 성장하기 위해서는 무엇을 해야 하는지, 자기관리는 어떻게 하는지 배울 수 있는 자리였다. 강의를 듣고 집으로 돌아가는 고속버스 안에서 페이스북에 글을 올렸다.

'3P Binder Pro 과정. 진급은 했고 연봉은 전보다 더 많이 받고 있는데,

업무성과는 전과 다르지 않다. 그 고민에 대한 답을 오늘 8시간의 교육을 통해 찾을 수 있을 것 같다. 결국은 실천이다.'

내가 올린 글에 조 중령님이 댓글을 달았다. '분명히 더 좋은 성과가 있을 거야.'

강의에서 배운 대로 바인더를 쓰는 것은 쉽지 않은 일이었다. 얼마나 해야 할 것이 많은지, 성과를 내려고 바인더를 쓰는 것이 아니라 바인더를 채우기 위해 바인더를 쓰는 것 같았다. 강의에서 배운 그대로 바인더를 쓸 자신은 없었다. 다만 바인더를 항상 들고 다녔다. 바인더를 놓치면 내 인생도 놓치게 될 것만 같았다.

내 인생에 기회는 수없이 찾아왔을 것이다. 대부분의 기회는 무심결에 지나갔고 의식조차 하지 못했을 것이다. 그 많은 기회들 중에 내가 붙잡았던 기회는 사람과 책, 강의를 통해서 만나게 되었다. 출구가 보이지 않는 삶에서 빛을 발견한 것 같았다. 막막한 인생에 희망이 보였다. 노력을 하면 나도 저 높은 위치에 있는 사람들처럼 남들에게 나의 이야기를 들려줄 수 있을 것 같았다.

삶에 희망이 없는 경우는 두 가지가 있다. 첫 번째는 목표는 있는데 그 목표가 너무 멀게 느껴져서 어떻게 해야 할지 모르는 경우다. 두 번째는 꿈조차 없는 경우다. 나는 첫 번째 경우에 해당된다. 나는 미국에서 오너 셰프가 되겠다는 꿈이 있었다. 그러나 그 방법이 모호했다. 돈을 모으고, 영어 공부를 한다는 것이 전부였다. 돈을 모으고 영어 공부를 한다고 해서 행복할 수 있을지 확신이 없었다. 그리고 그 기간이 너무도 길었다. 10년을 기다려야 했다.

8시간의 자기경영 강의를 통해 배운 것은 단순히 스킬이 아니었다. 왜 살아야 하는지 삶의 소명을 발견하고, 그렇다면 어떻게 살아야 할지 고민하는 시간이었다. 혼자 고민하는 것이 아니라 성공한 인생 선배가 알려주는 쉬운 지름길 같았다.

간절하였기 때문에 기회가 보였다. 성공하고 싶었지만 성공하는 방법을 몰랐다. 아무도 내게 가르쳐주지 않았다. 결국 길은 내가 찾아야 했다. 나는 군대라는 안정적인 직장에서 미래를 준비했다. 당장은 먹고 살아야 했으니 바로 전역을 할 수는 없었다.

기회는 누구에게나 찾아온다. 다만 그것을 기회로 인식하지 못하거나 받아들일 마음 자세가 되어 있지 않으면 소용이 없다. 누구에게나 어디서나 배울 마음의 자세가 되어 있어야 한다. 기회는 어디에나 있다. 간절히 찾아보라.

4

꿈만 꾸는 자, 실천하는 자

"Take off roll."

"Power flight idle."

"Engine stable."

"MCP thousand."

"One, two, three, four, five, six, seven, eight, nine, ten."

"혼자 뭐라고 중얼거리는 거야?"

"머리비행 중이었어."

"그게 뭔데?"

파일럿을 꿈꾸는 친구가 있다. 먼저 약속 장소에 도착한 친구는 머리
비행 중이었다. 머리비행이란 지상에서 머릿속으로 상상하며 항공기를

조종하는 것이다. 자동차 도로연수는 시간당 3만 원이면 할 수 있다. 그러나 항공기의 경우 3만 원이면 비행기 꼬리도 만지지 못 한다. 2인승 프로펠러 항공기의 경우 시간당 400L의 연료를 소비하는데, L당 1,000원만 쳐도 시간당 40만 원이 필요하다. 제한된 시간과 비용 때문에 머리비행을 장려하는 것이다.

자동차는 시동을 켜고 도로를 달리면 그만이지만 비행은 전혀 다른 문제다. 시동을 켜는 절차부터 복잡하다. 이륙을 하면 관제사와 교신하는 절차를 알아야 하며 현재 나의 위치를 지속적으로 파악해야 한다. 착륙을 할 때도 챙겨야 할 절차들이 한 둘이 아니다. 머리비행은 이 모든 절차들을 몸에 익숙한 것으로 만들어 버린다. 비정상 상황에도 대비할 수 있다. 공중에서 일어날 수 있는 예측 불가능한 상황에 대비해 대처하는 연습을 하는 것이다.

임용고시 대란이 왔다. 계란 공급량이 줄면 가격이 폭등하며 '계란 대란'이 오듯, 교사를 뽑는 인원이 적으면 '임용대란'이 온다. 모두가 도서관에서 쥐 죽은 듯이 임용고시에 열중하고 있었다. 나도 임용고시 공부에 합류하였다. 4학년이 되면서 테니스를 치지 않기로 작정하였다. 테니스는 한 번 치면 두세 시간은 훌쩍 흘러가 버려 공부에 집중하기로 했다.

그렇게 두 달을 꼬박 참았다. 테니스가 너무 하고 싶었다. 테니스 코트만 보면 군침을 흘릴 정도로 참았다. 군대에서 밖에 있는 여자 친구를 만나고 싶은 일병의 마음이었다. 공부하는 친구를 졸랐다. 다음 날 테니스를 치기로 약속을 했다. 너무 오랜만에 하는 게임이라 제대로 하고 싶었다. 나도 모르게 도서관에서 눈을 감고 이미지 트레이닝을 했다. '반대편에서 공이 넘어온다. 공을 쫓아 움직이며 라켓을 뒤로 뽑아 들고 백스윙을 한다. 테니스 공 아랫부분을 위쪽으로 쓸어올리는 느낌으로 친다. 내가 친 공이 탑스핀이 걸리며 반대 코트로 안정적이고 강하게 넘어간다.' 내가 마치 페데러Roger Federer가 된 듯이 머릿속으로 테니스 치는 장면을 상상하였다.

다음 날 테니스장에 섰다. 정말 오랜만에 공을 치는데도 신기하게 내가 상상했던 그대로 공을 칠 수 있었다. 오히려 매일 운동하던 때보다 더 잘 되는 것 같았다. 온몸의 감각이 라켓에 집중되었고, 라켓과 공이 맞닿는 순간이 굉장히 길게 느껴졌다. 공을 라켓에 꽉 움켜쥐고 치는 기분이었다. 실수도 거의 없었고 원하는 대로 공이 움직였다. 그날 나는 이미지 트레이닝의 효과를 온몸으로 체험했다. 구체적으로 상상하면 놀라운 정도로 현실에서 그 능력이 발휘되는 것을 느꼈다.

앞서 언급한 머리비행도 이미지 트레이닝의 일종이다. 상상 또는 생각의 힘은 비단 운동뿐만 아니라 꿈과 목표를 달성하는 데에도 지대한 영향을 미친다. 이지성 작가는 《꿈꾸는 다락방》에서 'R=VD', 즉 생생하게 (Vivid) 꿈꾸면(Dream) 이루어진다(Realization)고 했다. 여기서 중요한 포인트가 있다. 꿈만 꾸면 꿈이 이루어지는가 하는 것이다. '잘 살고 싶다', '부자가 되고 싶다', '좋은 차를 타고 싶다', '여행을 가고 싶다'는 꿈은 누구나 가지고 있다. 'R=VD'의 진짜 핵심은 목표뿐만 아니라 목표에 이르는 과정까지도 생생하게 꿈꾸고 '실천'하는 데 있다. 목표만 되풀이해 꿈꾸면 희망고문일 뿐이다. 아무것도 달라지지 않는다.

삶이 달라지려면 세 가지가 필요하다. 첫째는 꿈과 목표가 있어야 한다. 둘째는 꿈과 목표가 이루어진다는 것을 믿고, 그 꿈과 목표에 다다르기 위한 구체적 계획이다. 셋째는 구체적 계획을 실천하는 것이다.

내게 목표는 테니스를 치고 싶은 것이었고, 테니스를 잘 치기 위해 테니스 치는 과정을 이미지 트레이닝으로 상상했다. 그리고 실제로 다음 날 코트에 나가서 테니스를 쳤다. 파일럿을 꿈꾸는 친구는 비행을 잘 하고 싶었고, 머리비행을 통해 구체적으로 상상했고, 실제 조종을 하였다. 여기서 중요한 것은 실천을 했다는 것이다. 'R=VD'의 핵심은 꿈을 상상하는 것이 아니다. 진짜 중요한 것은 꿈에 이르기 위한 구체적인 계획을 세우고, 그 계획을 실천하는 것이다. 행동하지 않으면 내 삶의 그 어떤 것도 바뀌지 않는다.

기업가 정신에 관한 설문조사에서 단연 1위가 정주영 회장의 "이봐, 해봤어?"라고 한다. 500원을 들고 바다를 건너 자금 지원을 받아냈고, 배로 물길을 가로막아 바다를 메운 정주영 회장의 어록이다. 지금이나 옛날이나 해보지도 않고 걱정하는 것은 변함이 없다. 성공한 사람들은 생각을 행동에 옮겼고, 그렇지 않은 사람들은 걱정만 하고 실천으로 옮기지 않는다.

일본의 중견회사 대표인 도요다 게이치는 《생각과 행동 사이》라는 책에서 '실행에 대해 망설임을 가지고 있다면 조금 더 생각을 줄이고 바로 실행하는 능력을 가지려 노력해 보자'고 했다. 돌이켜보면 생각이 많아 놓친 기회가 너무 많다. 행동으로 옮겼다가 실패한 것에는 미련이 남지 않는다. '그때 그 여자에게 말을 걸어볼걸', '그때 영어학원에 등록할걸', '그때 조금 더 남을 도와줄걸'. 미련은 했음직한 일을 하지 않았을 때 생기는 것이다. 다른 사람에게 피해주는 일 빼고는 어떤 일이든 경험해보는 것이 최고의 배움이다.

교사도 해봐야 좋은지 알 수 있고, 군인도 해봐야 실상을 알 수 있다. 그토록 선망의 직장인 교사가 좋은지 안 좋은지는 해본 사람만이 안다. 철밥통이긴 하지만 매일 수십 명의 아이들과 부딪혀야 하고, 학부모 상담과 수없이 내려오는 문서처리, 운동회 준비 등으로 쉴 틈이 없다.

"우와~ 공군 장교예요? 멋있어요! 파일럿이에요?" 공군 장교면 모두가 조종사인줄 안다. 대부분의 공군 장교들은 지상에서 일을 하며 교사와 마찬가지로 끝없는 문서를 처리하고 있다. 해보지 않으면 모르는 모습들이다.

꿈꾸는 것은 좋은 것이다. 꿈이 없는 사람들이 태반인 세상에서 꿈이 있다는 것만으로도 칭찬받을 일이다. 그러나 꿈만 꾸는 것은 좋은 일이 아니다. 허세만 가득한 사람, 겉멋으로 잔뜩 물든 사람이 될지도 모른다. 꿈을 이루려면 실천으로 나아가야 한다. 오늘 당장 실천으로 옮겨야 한다. 당장 마라톤을 하라는 이야기가 아니다. 옷을 갈아입고 운동화를 신는 것부터 출발하자. 밖으로 나가 걷기부터 해야 뛸 마음이 생긴다. 집 안에만 있으면 달릴 마음조차 생기지 않는다. '내일부터 하면 되지.' 또 내

일이 되면 내일의 내일부터 하면 된다고 생각할 것이다.

꿈만 꾸겠는가, 아니면 꿈을 향해 실천하겠는가.

5

커피 한 잔으로 작심삼일 뛰어넘기

실천의 중요성은 알지만 그래도 실천이 어려운 사람들이 대부분이다.

"나도 알아! 나도 안다고!"

"하고 싶지! 하고 싶다고!"

"운동하고 싶고, 책 읽고 싶고, 공부하고 싶다고!"

"그런데 안 되는걸 어떻게 해?"

나의 두 번째 근무지는 수원에 있는 제10전투비행단이었다. 첫 근무지인 서산에 비해 환경이 월등히 좋아졌다. 서산에 있는 공군기지에서 카페에 가려면 최소 20분은 걸렸다. 그마저도 다방 같은 카페였다. 분위기 있는 곳에서 밥을 먹을라 치면 40분이나 달려야 서산 시내에 도착했다. 운신의 폭이 좁았다. 퇴근을 해도 어쩔 수 없이 부대에 감금되어 있었다. 주변에는 온통 논밭이었으니 할 것이 없었다. 그에 반해 수원은 부대 정문을 나가면 바로 지하철역이다. 카페는 물론이고 영화관, 도서관, 수영장 등 없는 것이 없다. 처음에 수원으로 발령받아 왔을 때는 지상낙원이 따로 없었다. 퇴근하면 갈 곳이 너무 많았다. 그것도 잠시, 매일 놀 수만은 없는 일이다.

퇴근 후 숙소에서 공부를 해보았다. 첫 날은 책상정리만 하고 끝이었다. '그래도 책상 정리를 한 것이 어딘가?' 위로했다. 둘째 날부터는 침대와의 전쟁이었다. 왜 그리 침대에 눕고 싶은지, 유혹이 끊이지 않았다. 저녁을 먹었음에도 배가 고팠다. 치킨과 맥주 한 잔이 생각났다. 남들은 독서실처럼 조용해야만 공부가 잘 된다는데, 나는 정반대다. 적막과 고요함을 못 견뎠다. 혼자 있으면 나태하고 게을렀다. 그렇다고 카페에서 공부하기도 싫었다. 커피 값 4천 원이 아까웠다. 매일 한 잔씩 커피를 마시면 한 달이면 12만 원이 든다. 근처 도서관에도 가보았다. 모두가 조용했다. 책상에 앉아 조금만 있으면 졸음이 몰려왔다. 하루 종일 일하느라 지친 몸을 이끌고 도서관에 갔으니 그럴 만도 했다. 집에서든 도서관에서든 3일을 넘기지 못했다.

어느 날 같은 사무실에서 일하는 조인수 하사와 이야기를 나누었다. 조하사는 퇴근 후면 부대 앞에 있는 카페에서 책을 읽고 공부를 한다고 했다. 커피 값도 비교적 저렴하고 군인이면 10%를 할인해 준다고 했다. 카페에서 같이 공부를 하면 어떻겠냐고 했다. 그때부터 카페를 다니기 시작했다. 퇴근하면 옷을 갈아입고 부대 식당에서 저녁을 먹었다. 그 길로 곧장 카페로 갔다. 'PLATANUS'라는 카페였다.

커피 한 잔의 위력은 대단했다. 우선 졸리지가 않았다. 커피의 향과 카페인은 몸에 활력을 돋게 했다. 카페의 오픈된 공간은 졸음을 몰아내기도 했다. 카페에서 엎드려 자면 부끄럽다. 졸음이 와도 잠깐 참으면 졸음이 달아났다. 생각보다 집중도 잘 되었다. 이어폰을 끼고 백색 소음을 틀었다. 가끔은 클래식도 들었는데, 그보다는 백색 소음이 더 좋았다. 'Coffitivity'라는 어플은 카페 소음을 녹음해서 들려준다. 이것을 듣고 있으면 미국에 있는 카페 한가운데에 있는 느낌이다. 이런 백색 소음이 집중하는 데 큰 도움을 주었다. 카페의 소음은 책 읽고 공부하는 데 전혀 문제가 되지 않았다. 그때부터 지금까지 책 읽기와 공부는 쭉 카페에서 한다. 내겐 카페가 최고의 독서실이다.

커피 한 잔은 4천 원이다. 매일 4천 원을 노는 데 쓰는 것은 아깝다. 그러나 4천 원을 성과를 내는 데 사용하면 4천 원으로 몇 배의 성과를 볼 수 있다. 나는 커피 한 잔을 인생을 바꾸는 데 사용했다. 집이나 도서관에서 공부를 했다면 아무 성과도 없이 시간만 흘렀을 것이다. '왜 나는 공부가 안되지?'라는 의문과 스스로에 대한 자책만 했을지 모른다. 집과 도서관에서는 3일을 버티지 못 했다. 결국 카페에서 마시는 커피 한 잔으로 작심삼일을 이겨냈다.

미국 공군으로 위탁교육을 받으러 갔을 때도 마찬가지였다. 내가 있던 부대는 텍사스 주 최북단에 위치한 위치타 폴스Wichita Falls라는 아주 작은 도시였다. 한국 사람은 눈을 씻고 찾아봐도 보이지 않는 곳이다. 하루 종일 영어 책으로 공부를 하고 영어로 수업을 듣는 것이 쉬운 일이 아니었다. 퇴근하면 쉴 시간도 없이 복습을 하고 다음 수업을 준비해야 했다. 특히나 당일 공부했던 내용을 복습하지 않으면 도대체 무엇을 배웠는지 기억이 나지 않았다.

부대 정문 앞에는 맥도날드 드라이브 스루가 있었다. 65센트를 내고 소프트 아이스크림 하나를 산다. 왠지 미국에서 먹는 맥도날드 아이스크림은 맛이 다른 것 같다. 크림향이 많이 나고 고소하며 달다. 아이스크림을 다 먹을 때쯤이면 스타벅스에 도착한다. 위치타 폴스에는 두 개의 스타벅스가 있는데, 그 중 공군기지와 내가 살던 집 가운데 있는 스타벅스에 간다. 내 이름을 불러주는 친절한 바리스타가 있는 곳이다. 한국인은 내가 유일했고, 더군다나 항상 군복을 입고 오는 나를 반겨주었다.

미국이라고 스타벅스가 저렴한 것은 아니다. 한국과 다를 바 없는 가격이다. 미국에서 지내는 동안 차와 집을 렌트해야 하는데 공군에서 지원해주는 체제비의 대부분은 렌트비로 사용된다. 생활비는 내 돈을 써야 한다. 그래야 사람다운 생활을 할 수 있다. 경제적으로 풍부한 상황이 아님에도 퇴근하는 길에 꼭 스타벅스에 들렀다. 집에만 가면 졸음이 몰려왔기 때문에 공부를 할 수 없었다. 아침 7시부터 시작하는 수업에 온 신경을 썼기 때문에 모든 수업이 끝나면 녹초가 되었다.

어깨에 대한민국 국기가 붙은 전투복을 입고 미국 스타벅스에 간 한국인이 있다. 그가 책을 읽다가 졸고 있다. 과연 미국 사람들이 한국인을 어떻게 생각할까. 이런 생각까지 하니 스타벅스에만 가면 정신이 번쩍 들었다. 일부러 입고 있던 군복을 갈아입지 않았다. 퇴근하면 전투복을 입고 스타벅스에 갔다. 한 번 자리에 앉으면 2~3시간은 금세 지나갔다. 워낙 공부해야 할 분량이 많았다. 숙제가 있거나 시험이 임박해 올 때는 스트레스가 이만저만이 아니었다. 다행히도 내겐 스타벅스가 있었고 전용 도서관이 되어주었다.

커피 한 잔의 힘은 대단하다. 우선 돈을 썼다는 생각에 돈이 아깝지 않게끔 행동하게 만든다. 둘째로 사람들이 제법 있는 곳에서는 주변을 신경쓰며 행동하게 된다. 휴대폰으로 게임을 하고 유튜브를 보는 시간이 놀라울 정도로 줄어든다. 셋째는 스스로를 대단한 사람처럼 느끼게 해준다. '나는 카페에서 책을 읽는 사람이잖아?' 스스로를 칭찬하게 만든다.

미국 시카고대의 행동경제학자 리처드 세일러Richard H. Thaler와 법률가 캐스 선스타인Cass R. Sunstein이 쓴《넛지nudge》라는 책이 있다. 넛지는 영단어로 팔꿈치로 옆 사람을 쿡 찌르는 것을 뜻한다. 리처드와 캐스는 넛지를 '타인의 선택을 유도하는 부드러운 개입'이라는 의미로 넛지를 새롭게 정의하였다. 넛지는 스트레스를 주지 않으면서 어떤 행동을 할 수 있도록 하는 마법이다.

남자 화장실 소변기에 '남자가 흘리지 말아야 할 것은 눈물만이 아닙니다.' 라고 쓰여진 문구를 보았을 것이다. 이 방법은 소변이 주위로 튀는 것을 막지 못 한다. 오히려 '그래서 어쩌라고?'하는 반감을 살지도 모른다. 화장실 소변기 가운데에 파리 스티커를 붙여 보았다. 사람들은 파리를 잡느라 열중했고, 그 결과로 소변이 주위로 튀는 양이 80%가량 줄었다고 한다.

'청소해!'라고 하지 말고 다이슨 청소기를 사라. 깨끗한 방도 더 깨끗하게 하려고 매일 청소기를 들고 있을지도 모른다. '운동해!' 하지 말고 헬스장에 등록하라. 이보다 더 좋은 것은 거금을 들여 개인 PT^{Personal} Training를 끊어버리자. 돈이 아까워서라도 헬스장에 가게 되어 있다. 다이어트를 혼자 결심하지 말고 다이어트 과정을 매일 소셜미디어에 남기자.

단, 주의할 점이 한 가지 있다. 절대 다른 사람을 의지해서는 안 된다. 예를 들어 친구와 매일 카페에 가서 공부하기로 약속했다고 치자. 매일 잘 나오던 친구가 하루는 사정으로 카페에 올 수 없는 일이 생긴다. 친구가 카페에 올 수 없다는 카톡을 받고 의지가 나약해진다. '나도 그럼 오늘 하루 쉴까?'. 친구와 다이어트 내기를 했다. 10만 원을 내걸었다. 왜인지 모르게 친구는 하루가 달리 살이 쑥쑥 빠진다. 그걸 보는 나는 의지가 더욱 충만해져 식이요법을 철저히 하고 운동을 더 열심히 할 것 같지만, 오히려 '그래, 내가 밥 한 번 사지. 뭐!' 하며 쉽게 타협할 수 있다. 넛지는 자기 자신과 하는 게임이다.

실천이 어려운가? 커피 한 잔의 기적을 체험해 보라. 4천 원 커피 한 잔으로 인생이 송두리째 바뀔 수도 있다. 커피 한 잔으로 작심삼일을 이겨낼 수 있다면, 4천 원은 4백만 원, 4천만 원, 4억 원 이상의 값어치가 되는 것이다. 최근 유튜브에서 자신이 공부하는 모습을 방송하는 사람들을 보았다. 내게 커피 값이 '넛지'였다면, 그에겐 유튜브 방송이 일종의 '넛지'인 셈이다.

6

제대로 된 연장을 써라

대학교 때 같이 테니스를 치던 친구가 하루는 MTB^{Mountain Bike}를 타고 테니스장에 나타났다. BMC라는 자전거 회사에서 만든 새빨간 하드테일 Hardtail, 자전거는 뒷 바퀴에는 완충장치(서스펜션)가 없고, 앞 바퀴에만 완충장치(서스펜션)가 있는 자전거자전거였다. 부잣집 아들인 친구는 대수롭지 않게 나타났으나 어렵게 학교를 다니던 내 눈에는 너무 멋있게 보였다.

"얼마면 이런 자전거 살 수 있어?"

"한 120만 원 정도?"

산악자전거를 사기로 결심하고 석 달 동안 악착같이 돈을 모았다. 먹을 것, 입을 것 아껴가며 어렵게 돈을 모아 친구와 같이 산악자전거 전문 가게로 갔다. 120만 원짜리 자전거를 사러 갔는데, 친구는 자전거는 70만 원 짜리를 사고 나머지는 자전거 장비를 사야 한다고 했다.

"50만 원어치 장비를 사야 한다고?"

몇 달 동안 나는 100만 원 정도의 산악자전거를 보고 있었다. 인터넷 사이트를 돌아다니며 얼마나 많이 보았겠는가. 날벼락이었다. 70만 원대의 자전거는 눈에 차지 않았다. 100만 원 이상의 자전거와 사양 차이가 많이 났다. 특히 산악자전거에서 가장 중요한 서스펜션(쇼바)과 브레이크의 차이는 엄청났다. 70만 원대의 자전거는 흉내만 내고 있었다. 실망이 가득했다.

　어쩔 수 없이 70만 원짜리 자전거를 골랐다. SCOTT이라는 브랜드에서 생산한 자전거였다. 나머지 50만 원으로 장비를 샀다. 가장 중요한 헬멧을 골랐다. 자전거용 고글도 챙겼다. 자전거를 탈 때는 낮이건 밤이건 고글을 써야 한다. 낮에는 햇빛으로부터 시력을 보호하는 기능도 하지만, 낮과 밤으로 이물질로부터 눈을 보호하기 때문에 반드시 필요하다. 신발 역시 빼놓을 수 없다. 전문자전거는 신발과 페달이 꼭 달라붙을 수 있도록 장치가 되어있다. 그래야만 다리를 아래로 누를 때뿐만 아니라 발을 위로 올릴 때도 힘 전달이 가능하다. 다음으로 장갑과 가방을 골랐다. 산악자전거는 넘어질 일이 다반사이기에 손과 몸을 보호하는 데 큰 도움이 된다. 자전거용 옷도 필요하다. 몸에 꼭 달라붙는 상의와 전용 바지를 골랐다. 자전거용 바지 엉덩이에는 스펀지가 들어 있다. 자전거를 오래 타도 엉덩이가 아프지 않도록 하는 것이다. 또 바람막이 점퍼도 있어야 한다. 마지막으로 라이트와 후미등이 있어야 한다. 주로 밤에 자전거를 탔기 때문에 안전을 위한 라이트와 후미등은 필수였다.

　50만 원으로도 모자랐다. 헬멧, 고글, 신발, 장갑, 가방, 옷, 라이트. 헬멧에도 고급이 있고 일반 보급형이 있다. 신발도 마찬가지. 보급형 신발은 고급형에 비해 굉장히 무거웠다. 모두 내 욕심 같아서는 가장 좋은 것을 사고 싶었지만 어쩔 수 없었다. 예산에 맞춰야 했다. 자전거도 마음에 들지 않는 것으로 택했는데, 자전거 용품까지 아껴야 하니 너무나 아쉬웠다.

동호회는 매주 수요일 저녁에 산으로 갔다. 처음에는 아무것도 모른 채 앞 사람만 졸졸 따라 갔다. 올라가고 내려가는데는 기술이 필요하다. 경사진 산을 오르려면 엉덩이를 앞으로 당기고 상체를 자전거 앞쪽으로 바짝 붙여야 한다. 반면에 산을 내려가려면 엉덩이를 자전거 안장 뒤로 빼고 무게중심을 최대한 낮춰야 안전하다. 하나하나 기술을 배웠다.

하루는 산에 오르기 전 다른 분들이 타이어 공기압을 빼고 있었다.

"타이어 공기는 왜 빼는 거예요?"

"35psi까지 줄이면 산에서 좋아."

"왜요?"

"타이어 압력이 높으면 도로에서는 빠를지 몰라도, 산에서는 접지력이 떨어지지. 차이가 커."

나도 그 후로는 자전거 타이어 공기압을 조절하며 타기 시작했다. 도로 위주로 자전거를 탈 때는 50psi 까지 공기압을 높였다. 산에 갈 때는 30psi까지 공기압을 낮춘 적도 있었다. 30psi 정도 되면 타이어를 손으로 만졌을 때 물렁물렁하다.

산악자전거를 타는 재미에 한창 빠져있었다. 자전거를 많이 타다보니 타이어 트레드가 모두 닳아 있었다. 자동차도 오래 타면 타이어 마모 때문에 타이어를 교체해 주어야 한다. 그렇지 않으면 제동거리가 길어져 사고 위험이 커진다. 자전거도 비슷하다. 타이어가 닳으면 접지력이 약해져 산을 제대로 오르내릴 수 없다. 타이어 트레드의 올록볼록한 부분은 자전거와 지면이 서로 붙어있도록 도와준다.

타이어를 바꿔야 하는데 고민이 되었다. 여러 브랜드들이 있는 것은 제쳐두고 얇은 타이어와 두꺼운 것 중에 어느 것을 사야할지 결정해야 했다. 고민이 될 때는 목적과 그에 따른 기준을 생각하면 쉽게 답을 찾을 수 있다. 타이어를 바꾸는 목적은 '산을 잘 타는 것'이다. 산을 잘 타려면 접지력이 좋아야 한다. 접지력이 좋으려면 당연히 두꺼운 타이어를 골라야 한다. 이 기준을 놓고 보니 타이어 고르기가 한결 수월해졌다.

자전거를 탈 때는 자전거뿐만 아니라 그에 따른 적절한 용품이 필요하다. 특히 헬멧과 고글, 장갑은 필수다. 산악자전거 동호회에 가면 헬멧이 없는 사람은 참여 시켜주지도 않는다. 준비가 되어있어야 자전거를 탈 수 있다. 미국에서는 어린 아이들조차 자전거를 탈 때 헬멧을 쓰고 있었다. 어릴 때부터 안전에 대해서 철저히 교육 받기 때문이다. 산에 가는 데 싸이클을 사면 안 되고, 철인3종 경기에 참여하는데 산악자전거를 탈 수는 없는 일이다. 산악자전거를 제대로 타려면 타이어는 두꺼운 것을 골라야 한다. 공기압도 적절히 조절해야 한다. 이처럼 자전거를 잘 타려면 제대로 된 도구가 준비되어 있어야 한다.

인생에 성공하고 싶다면 제대로 된 도구를 지녀야 한다. 어떤 도구가 필요할까? 나는 B&B(Binder and Book)에서 답을 찾았다. 바인더와 책을 만나기 전까지 나는 그저 평범한 사람이었다. 수많은 사람들 중에 한 명, 수많은 대한민국 사람 중에 한 명, 수많은 교대 학생 중 한 명, 수많은 공군장교 중 한 명이었다.

우연히 알게 된 바인더Binder는 내 인생을 관리하는 내비게이션이 되어주었다. 바인더에 나의 존재 이유와 꿈을 적는다. 그리고 꿈을 이루기 위한 올해의 목표, 올해 목표를 이루기 위한 주간 목표와 일일 목표를 정렬Alignment시킨다. 바인더를 통해 오늘 일정과 할 일을 관리하는 것은 기본이다. 그 외에도 프로젝트와 업무를 관리하고, 메모와 개인적인 자료까지 스크랩 할 수 있다.

바인더는 내 삶을 관리해주는 비서이다. 경영학의 아버지이자 자기계발의 대부인 피터 드러커는 CEO를 코칭할 때 제일 먼저 하는 일이 비서한 명을 통해 CEO가 시간을 어떻게 사용하고 있는지 체크한다고 한다. 그 결과를 바탕으로 CEO가 생산적으로 시간을 사용하고 있는지 불필요한 회의에 참석하고 있는 것은 아닌지 피드백을 한다. 우리에게도 이런 비서가 있으면 좋겠지만 어디에서도 내 삶을 지켜봐주는 사람은 없다. 사람 대신 그에 꼭 맞는 도구가 있다. 바로 바인더이다. 바인더를 잘 활용하면 하루하루 시간을 어떻게 사용하는지 파악할 수 있다. 생각보다 버려지는 시간이 많음에 놀라게 된다. 하루의 삶을 피드백 하는 습관은 자연히 성과로 나타난다. 헛되이 보낸 시간이 줄어들면서 성과가 창출되기 시작한다.

내가 고등학생일 때 어머니는 비디오와 책을 대여해주는 장사를 했다. 나는 방학이면 어머니 가게에서 아르바이트를 했다. 손님이 그리 많지 않아 남는 시간에는 주로 만화책을 보았다. 우연찮게 책꽂이에 꽂힌 무협지를 보게 되었는데 《드레곤 체이서》라는 소설이었다. 처음으로 읽은 책이었다. 이 책은 처음 몇 장을 읽자마자 바로 빠져들었다. 뒷이야기가 너무 궁금해서 책을 놓을 수가 없었다. 한 장 한 장 넘길 때마다 다음 이야기가 궁금했다. 며칠 만에 10권을 모조리 읽었다. 그리고 그 이후에는 다시 책을 손에 들지 않았다. 대학생 때는 가끔 소설을 읽었다. 대학교 4학년 임용고시를 준비할 때 읽은 《파이 이야기》는 《드레곤 체이서》만큼이나 재미있는 책이었다.

내가 만난 진짜 책은 '책 읽는 방법'을 배운 뒤부터 시작되었다. 서점에 가면 속독에 관한 책만큼 많은 것이 책 읽는 방법에 관한 책이다. 도대체 책 읽는 방법이 있기나 한 걸까, 있다면 어떤 방법이 있을까 싶었다. 박상배 씨가 쓴 《본깨적》이라는 책은 내 삶을 바꾸는 계기가 되었다. 이 책의 핵심은 책을 읽으며 '본' 것과 '깨'달은 것을 자신의 삶에 '적'용해야 삶이 바뀐다는 것이다.

《본깨적》을 알기 전까지 책 읽기는 즐거움에 그쳤다. 그런데 세상에는 책보다 즐거운 것이 너무 많다. TV에는 너무나 재미있는 예능 프로그램들이 있고, 영화관에는 흥미진진한 영화들이 가득하다. 유튜브에는 흥미를 끌 만한 영상들이 넘쳐난다. 그런데도 굳이 많은 시간과 노력을 들여가며 책을 읽어야 할 이유가 전혀 없었다.

《본깨적》을 알고 난 후부터는 책에서 읽은 내용을 내 삶에 적용하는 책 읽기로 방향을 바꾸었다. 그랬더니 조금씩 성장하는 나 자신을 발견하게 되었다. 적용하는 책 읽기는 독서의 또 다른 즐거움을 발견하게 해주었다. 성장하는 즐거움을 맛볼 수 있게 된 것이다.

　종교를 가진 사람들이 비난의 대상이 되는 것을 종종 볼 수 있다. 일요일이면 교회나 성당, 절에 가서 기도를 하고 설교나 법문을 듣고 온다. 그런데 정작 그들이 삶에서 행하는 모습을 볼 때면 실망을 감출길이 없다. 사람들이 종교인을 비난하는 것은 그들이 교회나 성당, 또는 절에서 배운 것을 삶에서 실천하지 않기 때문이다. 종교에서 배운 것을 삶에서 행하지 않으면 종교도 자기 위로일 뿐이다. 독서도 마찬가지다. 책에서 본 것을 삶에 적용하지 않으면 책 읽는 시간은 시간 낭비일 뿐이다. 한 권의 책을 읽으려면 빨리 읽는 사람은 일주일, 천천히 보는 사람은 한 달이 걸린다. 일주일 또는 한 달이라는 긴 시간을 버리게 되는 것이다.

　평범한 나를 바꾼 것은 바인더와 책이다. 바인더는 삶을 관리하는 내 비게이션이 되었다. 책은 무한한 성장을 가능케 하였다. B&B와 함께라면 누구든 인생을 바꿀 수 있다. 아주 평범했던, 오히려 열등감과 낮은 자존감으로 어둠 속에 있던 내 삶을 바꾸었듯 당신의 삶도 특별하게 바꿀 수 있다. B&B를 통한 기적은 실천하기만 한다면 누구에게나 찾아올 수 있다.

7

지금 당장 움직여라

자기계발 컨텐츠가 넘치는 세상이다. 유튜브에서도 쉽게 찾아볼 수 있고, 서점에 가면 자기계발 서적이 잔뜩이다. 자기계발 강의도 많다. 마음만 먹으면 얼마든지 찾을 수 있다. 그럼에도 여전히 자기계발에 목말라 있다. 어쩌면 우리는 자기계발에 지쳤을지도 모른다. 입시에 지쳤고, 입사에 지쳤고, 과도한 업무와 승진에 지쳤다. 여기서 무엇인가를 더 했다가는 안그래도 힘든 삶에 돌맹이 한 무더기를 얹은 것 같은 느낌일 것이다.

현실은 냉혹하다. 지금처럼 살면 삶은 바뀌지 않는다. 내가 바뀌지 않는 한 그 어떤 것도 바뀌지 않는다. 나는 현실에 만족하지 못했다. 이혼한 부모를 원망했고, 가난을 증오했다. 현재 내가 처한 현실과 희망이 없는 미래에 절망했다. 발버둥쳤다. 살아보고 싶었다. 현재를 바꾸고 새로운 미래를 만들어야 했다. 결심만으로는 부족했다. 결심을 실행해야 했다.

잘 살아보겠다고 결심하는 것은 누구나 할 수 있다. 그러나 결심을 실행하는 것은 아무나 하지 않는다.

뷔페에 가기 전에 어떤 음식을 먹을지 고민하게 된다. 막상 뷔페에 가면 무엇을 먹을지 고민하기보다 일단 먹음직스러워 보이는 음식을 담는다. 자리로 돌아와 음식을 먹어본다. 어떤 음식은 생각보다 맛있고 어떤 음식은 생각보다 형편없다. 먹어봐야 알 수 있다. 사람도 만나봐야 안다. 겉으로 예뻐 보이는 사람도 만나보니 겉과 다른 성격을 알 수 있고, 외모가 마음에 들지 않는 이성도 만나보면 그만의 매력을 느낄 수 있다. 해보지 않으면 모를 일을 우리는 고민만 한다.

서산 호수공원 근처에 특별한 돈가스 가게가 있었다. 그 레스토랑의 돈가스는 우리가 주위에서 평범하게 볼 수 있는 돈가스가 아니다. 특히 매운 소스 돈가스는 아구찜을 연상시키는 비주얼과 입맛을 사로잡는 매콤한 맛이 압권이다. 매장 인테리어도 굉장히 독특하다. 벽면마다 큰 그림이 여러 점 걸려있다. 매력적인 그림들이다. 군대 동기들과 한 달에 한두 번은 꼭 들렸다. 편안한 분위기와 맛있는 음식, 그리고 벽면에 걸린 그림을 보는 재미가 쏠쏠했다. 석 달쯤 지났을까. 벽면에 걸린 그림들이 바뀐 것을 발견했다. 그림 가격이 꽤나 비싼데 어떻게 많은 그림들을 바꿀 수 있을까 궁금했다. 직원에게 물어보니 사장님이 직접 그림을 그린다고 했다. 알고 보니 서양화를 전공한 화가였다.

언제부턴가 계산을 하는 카운터에 '그림 배우실 분'이라는 명함이 있었다. 그림을 배우고 싶었다. 어릴 때는 미술학원에 다녔다. 분홍색 가방을 들고 미술학원에 갔던 기억이 난다. 초등학교 5학년 때는 미술을 전공한 담임선생님 덕분에 그림에 재미를 붙였다. 그리고 중학교 때 만난 독특한 미술 선생님은 나의 특이한 미적 취향을 존중해 주었다. 거슬러 생각해 보니 옛날부터 미술에 흥미가 많았다. 한 가지 중요한 것은 흥미와 재능은 별개라는 점이다. 혼자서는 한계가 있었다. 그림을 잘 그리려면 배워야 한다.

'그림 배우실 분'에 마음이 끌렸다. 그런데 그 뒤로 내가 한 것이라고는 아무것도 없었다. 수강료는 얼마인지, 얼마나 자주 배우는지, 필요한 미술용품은 무엇인지 하나도 물어보지 않았다. '우리 부대에서 여기까지 차로 40분이나 와야 하는데', '내가 지금 그림을 배울 시간이나 있을까? 공부나 해야지', '그림을 배우려면 비싸지 않을까? 돈이 없는데'. 그림을 배우고 싶었지만 고민이 앞섰다. 그렇게 2년의 시간이 지나 서산을 떠나게 되었다.

그림에 대한 열정은 몇 년 뒤 청주로 전속을 가면서 다시 살아났다. 청주로 발령이 나자마자 그림을 배워야겠다고 결심했다. 인터넷을 뒤져 부대와 비교적 가까운 곳에 있는 화실을 찾아냈다. 미리 약속을 잡고 화실로 찾아갔다. 생각보다 저렴한 수강료와 일주일에 한 번만 수업하는 방식이 마음에 들었다. 무엇보다 화실에 걸려있는 작가의 작품이 마음에 들었다. 수채화로 그린 그림이었다. 수채화는 별 볼일 없다고 생각했는데, 이 그림들을 보니 생각이 달라졌다. 그날 바로 화실에 등록을 했다.

매주 수요일 7시부터 9시까지 화실에서 그림을 그렸다. 한 달에 3번 이상은 화실에 갔다. 가끔 있는 회식과 출장, 훈련으로 화실을 가지 못할 때면 무척이나 아쉬울 정도였다. 그림을 그릴 때면 온몸의 신경을 집중한다. 생각보다 그림은 고도의 집중력을 요한다. 2시간이 어떻게 지났는지도 모른다.

나는 그림을 수학과 비교한다. 우선 무척 어렵다. 생각만큼 쉽게 그려지지 않는다. 둘째로 공식이 있다. 공식을 알면 문제를 풀기 쉬운 것과 같이 원근법과 반사광과 같은 개념을 알면 그림 그리기가 쉽다. 셋째로 희열이 있다. 어려운 문제를 풀면 카타르시스를 느낀다. 그림은 3차원을 2차원으로 옮기는 작업이다. 종이에 그려진 그림을 마치 실재하는 것 같이 그리면 굉장히 큰 희열을 느낄 수 있다. 매주 수요일이 기다려졌다.

화실에 1년쯤 다녔을 때, 선생님이 단체 전시회를 열면 어떨까 제안했다. 회원들 모두가 아마추어였고 이 화실에서 처음으로 그림을 그린 사람들이었다. '제가요?' 모두가 가슴 속으로 품은 의문이었다. 전시회는 전문 작가들만 할 수 있는 영역이라 생각했다. 너무도 평범한 우리들이 할 수 있을지 의구심이 들었다. 선생님은 전시회를 할 수 있는 장소부터 예약을 했다. '청주국립박물관'. 무려 박물관을 대관했다.

8개월의 시간이 남았다. 각자 3작품 이상을 그려야 한다. 일주일에 한 번씩 그림을 그리면 두 달에 하나의 작품이 완성된다. 그마저도 결석을 하면 시간이 늦어진다. 시간이 얼마 남지 않았다.

목표가 생기니 필사적으로 그림을 그렸다. 무조건 3개의 작품을 내야 했다. 전시회에 출품하는 그림이니 대충 그릴 수도 없었다. 붓 터치 하나하나에 정성을 들였다. 그 와중에 나는 미국 위탁교육 준비도 해야 했다. 그림을 더 빨리 그려야 했다. 결국 2개를 완성하고 미국으로 가야 했지만, 미국에서 한창 교육을 받고 있을 5월, 전시회 참여 '작가'로 이름을 올렸다. 그로부터 지금까지 총 3번의 전시회가 있었다.

5년 동안 시도도 하지 못한 일이었다. 그림을 그리고 싶다는 마음만 있었지 붓을 손에 든 적이 없었다. 그런 내가 지난 3년간 3번이나 전시회에 참여했다. 그림을 그릴 때는 한가해서였을까. 아니다. 오히려 대학원도 다녔고, 군대 업무량도 보다 많았다. 그럼에도 그림을 그렸다. 다만 실천했을 뿐이다.

돌이켜보니 바쁠수록 성취 확률이 높아졌다. 반면 어느 하나에 집중하겠다고 했을 때가 가장 성과가 없었다. 서산에서의 2년 반 동안 내게 남은 것은 하나도 없었다. 시간이 없어서, 돈이 없어서 하고 싶은 것을 미뤘다. 지레 포기하고 시도하지 않았기 때문에 남은 것이 없었다. 반면 청주에서의 2년은 성과로 가득했다. 행동했기 때문에 달라졌다. 전시회를 준비하는 동시에 미국 위탁교육 준비를 했다. 미국에 위탁교육을 가려면 준비해야 할 과정이 너무나 많았다. 비자 신청, 신체검사, 인터뷰, 영어시험, 공무여권 발행, 숙소와 차량 렌트, 의료보험 가입, 환전 등 많은 것들을 동시에 챙겨야 했다. 기본적인 일을 하면서 미국 위탁교육 준비를 하고, 더불어 전시회에 출품할 그림을 그렸다. 당시엔 바빴지만 결국 모든 것을 다 해냈다. 서산에서는 바쁘지 않았지만 성취한 것이 하나도 없었다.

시간은 만드는 것이다. 없던 시간이 저절로 생기지 않는다. 퇴근 후 집에서 몇 시간 동안 야구 중계를 보는 사람이 있는 반면 화실에서 두 시간 꼬박 그림 그리는 사람이 있다. 주말에 쇼핑을 하고 영화관에서 시간을 보내는 사람이 있는가 하면 카페에서 영어시험을 준비하는 사람이 있다. 시간은 누구에게나 공평하게 주어졌지만 모두 같은 값어치로 사용하지 않는다. 1시간을 100만 원처럼 사용하는 이가 있는가 하면 1시간을 10원처럼 사용하는 사람이 있다. 100만 원과 10원을 가르는 차이는 실천에 있다.

내 인생은 고민에서 출발했고 실천을 함으로써 달라졌다. 고민으로 가득했던 시절에는 근심과 걱정이 항상 따라다녔다. 불안한 현재와 어두운 미래에 초점이 맞춰졌다. 암담한 현실은 실천으로 조금씩 바뀌기 시작했다. 그림을 그리고 싶어 화실에 등록했다. 미국 유학을 가고 싶어 미국 교육 프로그램에 지원했다. 점점 불어나는 몸을 두고 볼 수 없어 매일 새벽 달리기를 시작했다.

사람들은 손해 보는 일에는 적극적이다. 속도위반 요금을 내지 않으려 카메라 앞에서 급격히 속도를 줄인다. 연체료를 내기 싫어 공과금을 빨리 낸다. 좋은 학점을 받기 위해 기한 내에 리포트를 제출한다. 소개팅에 실패하지 않으려 단정히 외모를 가꾼다. 그런데 하면 좋은 일에는 소극적이다. 나처럼 화실에 등록하면 진작 되었을 것을 몇 날 며칠을, 몇 년을 고민한다. 우선 시도라도 해보고 포기해도 될 텐데 말이다.

성취하고 싶은 목표가 있다면 지금 당장 시작하라. 영어 공부를 하고 싶다면 우선 영어학원에 등록하자. 살을 빼고 싶다면 헬스장에 가서 상담부터 받아보라. 유학을 가고 싶다면 유학 설명회부터 다녀오고, 취업을 하고 싶으면 그 회사에 다니는 선배를 만나보면 된다. 작은 발걸음부터 내딛으면 된다. 너무 크게 시작하지 말자. 하루에 3시간 책 읽기보다 하루에 1장 책 읽기라는 목표가 낫다. 하루에 1시간 운동하기보다 팔굽혀펴기 10개 하기가 좋다. 1시간 운동하는 것은 생각 그 자체로 부담이 된다. 팔굽혀펴기 10개는 매우 쉬운 목표다. 10개를 하다보면 100개도 할 수 있고 1시간도 하게 된다.

BINDER

1

적자생존, 적자성장

　소위로 임관하여 제20전투비행단으로 배속을 받았다. 하필 제일 바쁘다는 부서에서 일을 시작하였다. 일을 배우기도 바빴지만 끝없이 몰려오는 일을 당해낼 재간이 없었다. 해야 할 일은 많고 쉽게 할 방법은 몰랐다. 쌓여있는 일의 우선순위를 따지기는커녕 해야 할 일조차 까먹는 것이 다반사였다.

　"그거 다 했어?"
　"네?"
　"내가 전에 시킨 일 말이야."
　"아, 죄송합니다. 까먹었습니다."
　"내 말이 땅콩이야? 왜 까먹어!"
　"죄송합니다."

"죄송할 거 없고, 잘하란 말이야."

그때부터 메모를 시작했다. 처음에는 이면지 뒷면에 메모를 했다. 할 일을 대충 적어두었다. 전화 통화로 들은 이야기도 적고, 전화번호도 메모하고, 선배가 부탁한 내용도 기록했다. 다음 날이면 전날 메모한 종이 여백에 메모했다. 종이가 펜으로 뒤덮일 때쯤 새로운 종이에 메모를 했다. 가끔 예전에 적은 메모들이 필요할 때가 있었다. 그럴 때는 이면지를 버리는 A4 박스를 마구 뒤진다. 운이 좋게 찾을 때도 있었고 이미 세절기로 들어간 것도 있었다. 세절기로 들어간 기록은 다시 찾을 방법이 없었다.

공군에서는 모든 간부에게 업무수첩을 준다. 수첩에는 그 해 달력과 메모지가 가득 들어있다. 수첩에 기록하면 메모한 것을 다시 찾을 수 있겠다 싶었다. 업무수첩에 해야 할 일을 적기 시작했다. 매일 1쪽씩 그 날의 할 일을 적었다. 어제 못 한 일은 오늘 다시 메모했다. 완료한 일에는 줄을 그어 표시했다. 해야 할 일과 각종 메모로 수첩이 어지럽혀져 있었다.

"안녕하세요. 이 원사님?"
업무 차 다른 사무실에 들렀다. 원사는 나보다 계급은 아래지만 나이는 한참 위다. 때문에 서로 존댓말을 쓴다.
"이 원사님, 메모지를 만드셨네요?"
"아~ 내가 기억력이 나빠서 다 적어야 해요."
"한글 파일로 만드신 거예요?"

"네. 그런데 왜요?"

"저도 일이 너무 많아서 할 일을 적고 있는데요, 이렇게 서식을 만들어 쓰는 게 좋아 보여서요."

"그래요? 나는 나이가 드니까 자주 잊어버려서 안 쓰면 다 까먹어요."

"저 파일 좀 보내주시면 안될까요?"

메모하며 일하는 방법을 그 누구도 알려주지 않았다. 자대 배치를 받기 전 특기교육을 4주간 받는다. 4주 동안 해당 특기가 어떤 일을 하는지는 배워도 정작 일을 어떻게 잘할 수 있는지는 알려주지 않는다. 자대에 배치 받아서도 마찬가지다. 초급간부로서 하지 말아야 할 일, 예컨대 보안사고나 금전사고를 주의하고 음주운전은 하면 안 된다는 교육을 받는다. 그러나 가장 중요한 메모하며 일하는 법이나 할 일을 관리하는 방법은 알려주지 않았다. 시행착오를 통해 스스로 습득해야 했다.

주먹구구식으로 하던 메모를 시스템을 만들어 기록하기 시작했다. 서식을 만들어 메모를 관리했다. 체계적으로 기록하기 시작한 것이다. 하루하루 해야 할 일을 표에 기록했다. 어제 못한 일은 오늘 표에 기록했다. 컴퓨터로 작업을 하니 편집하기도 쉬웠다. 사무실을 벗어나면 할 일을 볼 수 없어 모아찍기(2page 인쇄)로 인쇄를 해 A4 절반 크기로 가지고 다녔다.

이렇게 할 일을 체계적으로 메모하니 변화가 생기기 시작했다. 우선 할 일을 잊어버리지 않았다. 해야 할 일의 목록이 선명히 보이고 목표들을 관리할 수 있었다. 가장 먼저 해야 할 일이 무엇인지 중요도에 따라 일을 처리할 수 있었다. 무엇보다 마음이 편안했다. 목표를 메모하고 관리하는 것만으로도 무엇인가 놓치고 있을 것이라는 불안감에서 해방되었다.

생존하기 위해 적기 시작한 메모가 성장으로 이어졌다. 적는다고 해서 업무량이 줄어드는 것은 아니었다. 업무량은 여전히 많았다. 최소한 쏟아지는 업무 목록은 파악할 수 있었다. 어떻게 하면 그 일을 제시간에 처리할 수 있을지 고민했다. 고민하면 답이 나오기 마련이다. GTD^{Getting Things Done} 개념을 알게 되었다. GTD는 데이비드 앨런^{David Allen}이 쓴 책으로 한국어로는 《끝도 없는 일 깔끔하게 해치우기》로 번역되어 출간되었다. GTD는 5분 안에 할 수 있는 일은 바로 하고, 그렇지 않은 일은 메모해 두었다가 덩어리 시간을 확보하여 처리하는 개념이다. 쉽게 말해 지금 할 수 있는 일은 당장 끝내버리고 일이 쌓일 틈을 주지 않는 것이다.

중요한 일을 하고 있는데 전화가 울린다.

"나 누군데, 이거 가능한지 알려줄 수 있어?"

"제가 잘 몰라서 확인해보고 바로 전화 드리겠습니다. 필승!"

갓 임관한 소위는 전화가 겁이 난다. 사람들은 내가 모르는 것만 묻는다. 순간 GTD를 떠올렸다. 5분 안에 처리할 수 있는 일인가? 상급부서 담당자에게 전화하면 바로 알아 볼 수 있는 내용이었다. 하고 있던 중요한 일을 잠시 멈추고, 전화로 해당 내용을 확인했다.

다시 하던 일로 돌아간다. 그 와중에 계속 전화가 온다. 기준은 역시나 같다. 5분 안에 해결할 수 있는 일은 바로 처리한다. 그렇지 않고 시간이 걸리는 일은 메모해둔다. 다시 하고 있던 중요한 일로 돌아간다. 이런 식으로 일처리를 하니 놀라운 발전이 있었다. To do List에 해야 할 일이 많이 쌓이지 않았다. 이것만으로도 큰 발전이었다.

또 다른 발전은 메모를 관리하기 시작한 것이다. 메모 서식에 펀치로 구멍을 뚫어 업무수첩에 끼우고 다니기 시작했다. 종이는 뚫어야 관리가 가능하다. 메모 서식을 인쇄해서 들고 다니면 예전에 쓴 메모지는 세절기로 들어간다. 정리되어 있지 않은 종이는 쓰레기로 인식되기 때문이다. 펀칭하여 수첩에 들고 다니니 예전에 쓴 기록들이 관리되기 시작했다. 일주일 전에 메모해 둔 전화번호, 가격, 재고조사 기록을 다시 찾아볼 수 있었다. 심지어 다른 사람이 했던 중요한 말까지 메모되어 있으니 상대방이 거짓말 하는 것까지 알 수 있었다.

자주 보는 업무자료는 출력해서 펀칭하여 수첩에 꽂아두었다. 모든 업무의 세부내용을 외울 수 없고, 사람들이 궁금한 것은 비슷했다. 자주 물어보는 내용을 컴퓨터로 찾으면 그것도 시간 낭비였다. 더군다나 사무실 밖에 있을 때 전화가 오면 답변하기가 불가능했다. 그런데 수첩에 업무자료를 인쇄하여 들고 다니면 어디서나 일을 할 수 있었다. 자연스레 일이 쌓이지 않았다. 시간이 절약되었다.

출근하면 제일 먼저 하는 것이 메모하는 일이다. 퇴근할 때 내일 할 일을 적으면 이상적이겠지만, 그때는 이미 몸에 남은 에너지가 고갈되었다. 아침이면 어제 못다 한 일과 오늘 꼭 해야 할 일을 메모했다. 아침에 무척 바쁜 날은 메모를 하지 않고 바로 일을 할 때도 있었다. 당장 급한 일부터 했지만 마음 한켠이 찜찜했다. 혹시 놓치고 있는 부분이 있지 않을까, 중요하거나 급한 일을 잘 구분하여 일하고 있는지 가늠되지 않았다. 메모로 시작한 날과 그렇지 않은 날이 달랐다. 처음에는 메모가 귀찮았다. 하루에 5분, 10분 투자하는 것이 아까웠다. 그 시간에 일을 더 하면 어떨까 하는 생각도 했다. 이런 생각도 잠시였다. 메모를 꾸준히 하게 되자 메모도 하나의 습관이 되었다. 습관은 힘들지 않다. 목이 마를 때 물 마시는 것처럼 자연스러운 일이다.

우리는 대부분의 시간을 직장에서 보낸다. 직장에서 일하는 시간 동안 다른 사람들로부터 인정받지 못하면 자존감이 높을 리 없다. 스스로 만족감 또한 낮다. 메모를 하고 업무를 하나하나 챙겨가면서 주위로부터 인정받기 시작했다. 적지 않았다면 여전히 까먹은 일이 있었을 테고, 해야 하는 일이 얼마인지도 모른 채 한숨만 쉬고 있었을 것이다. 지금 일이 너무 많아서 고민하고 있는 사람이 있다면, '적자생존 적자성장'을 기억하자. 적는 것에서부터 모든 것이 달라졌다.

2

적는 데도 방법이 있다

변화의 첫걸음은 적는 것부터 시작됐다. 하루에 한 장이라도 메모하는 습관을 가져야 한다. 하루에 한 장을 메모하는 것은 생각보다 쉽다. 우선 날짜와 요일을 상단에 쓴다. 그 아래 오늘 할 일을 쓴다. 남는 여백에는 회의, 미팅, 전화통화 내용, 느낌이나 생각, 좋은 글귀 등 다양한 내용을 기록한다. 다음 날은 새로운 페이지에서 시작한다. 종이를 아까워하지 말고 과감히 다음 장부터 메모한다. 습관을 기르기 위해서이다. 새로운 마음으로 하루를 시작하는 의미도 있다. 매일 작은 성취로 하루를 시작하고 끝내는 것이다. '어제 한 장을 메모했구나. 오늘도 메모해야지!' 기록이 쌓이면 습관이 되고, 습관은 성과로 이어진다.

메모가 습관이 되면 어떻게 하면 더 메모를 잘할 수 있을까 고민하게 된다. '메모를 잘한다'는 것은 메모를 통해 성과를 낸다는 의미. 성과는 목표를 관리하는 데서 시작한다. 목표를 세우지 않은 삶은 성과가 없는 삶과 같다. 그 목표는 거대한 목표일 수도 있고 지극히 개인적이고 사소한 목표일 수도 있다. 연봉 2배 올리기, 토익 900점, 아침 6시에 일어나기, 3km 달리기, 이발하기, 전기세 납부 등 목표는 다양하다.

처음에는 목표를 종이에 적는 데서 시작했다. 종이에 적은 목표 중에 완료한 목록은 줄을 그어 표시를 했다. 하나하나 줄이 그어질 때마다 성취감이 든다. 줄 긋기에서 한 단계 발전한 버전이 있다. 선배들의 조언이 있었다. 할 일 목록 앞에 동그라미(◯) 표시를 한다. 그 일이 진행 중이면 가로로 줄을 긋고(⊖) 완료 되면 세로 줄을 추가한다(⊕). 이렇게 하면 메모한 종이가 지저분해지지 않고 한눈에 목표의 진행 상황을 인식할 수 있게 된다. 이것이 바로 '이미지의 힘'이다. 이미지는 글보다 강력한 힘이 있다. '담배는 건강에 해롭습니다'라는 글보다 담배가 폐를 망가트리는 사진 한 장이 뇌리에 훨씬 깊이 남는다. 목표를 이미지로 관리하면 훨씬

2018. 6. 7.(목)	2018. 6. 7.(목)
~~주간 회의자료 작성하기~~	⊖ 주간 회의자료 작성하기
~~개인 업무철 초안작성~~	⊖ 개인 업무철 초안작성
운영예규 수정	◯ 운영예규 수정
~~개인자력 업데이트~~	⊕ 개인자력 업데이트
동기 저녁 모임	◯ 동기 저녁 모임
~~이발하기~~	⊕ 이발하기
3km 달리기	◯ 3km 달리기
교육과정 개정 결과 보고	◯ 교육과정 개정 결과 보고
SOC 교육입과 수정 확인	◯ SOC 교육입과 수정 확인
국회 요구자료 작성	◯ 국회 요구자료 작성
일반적인 메모	**성과를 관리하는 메모**

더 효과적으로 목표가 진행되는 현황을 확인할 수 있다.

경영학의 아버지 피터 드러커Peter F. Drucker는 《성과를 향한 도전》에서 목표달성을 위해 익혀야 할 첫 번째 능력으로 시간 관리를 꼽았다. 시간을 관리를 하는 방법은 3단계로 이어진다. 첫 번째는 시간을 기록하고, 두 번째는 시간을 관리하고, 세 번째는 시간을 통합하여 하나의 묶음으로 모아 사용한다. 시간 관리 중에서도 가장 중요한 것이 시간을 기록하는 것이다. 피터 드러커는 시간을 기록하지 않으면 시간을 어떻게 사용했는지 모른다고 하였다. 인간은 착각의 동물이기 때문에 자신이 시간을 효율적으로 사용한다고 착각한다. 바쁘게 사는 것이 시간을 잘 쓴다고 생각하기 때문이다.

군대에 오기 전에 거금을 들여 공병호 박사의 '자기경영 아카데미'에 참석했다. 그때 처음으로 시간을 기록하는 방법에 대하여 배웠다. 07:00 ~ 07:30 : 기상 및 세면, 07:30 ~ 08:00 : 아침식사, 08:00 ~ 08:30 : 출근. 이런 형식으로 적으라고 하였다. 그런데 이런 형식으로 기록하니 시간이 한 눈에 들어오지 않았다. 《성공을 바인딩하라강규형 저》에서는 표로 시간을 관리하라고 했다. 세로로 시간이 적힌 표에 무엇을 계획하였고, 어떻게 시간을 보냈는지 기록하라고 하였다.

시간을 기록하기 시작히면서 나의 진짜 시간을 알게 되었다. 시간을 기록하면서 생긴 변화 중 첫 번째는 남는 시간이 생각보다 많다는 것을 알게 된 것이다. '시간이 없다', '바쁘다'는 소리를 달고 살았는데 사실은 시간은 있지만 주어진 시간을 효율적으로 사용하지 못했다. 하나의 일을 하

2018. 6. 7.(목)	2018. 6. 7.(목)
07:00 ~ 07:30 : 기상 및 세면 07:30 ~ 08:00 : 아침식사 08:00 ~ 08:30 : 출근 08:30 ~ 08:45 : 아침행사 09:00 ~ 10:30 : 주간 회의자료 작성 10:30 ~ 11:40 : 개인자력 업데이트 11:50 ~ 12:30 : 점심식사 12:30 ~ 13:00 : 낮잠 13:00 ~ 15:30 : 개인 업무철 초안작성	 7 기상 및 세면 / 아침식사 8 출근 / 아침행사 9 주간 회의자료 작성 10 11 개인자력 업데이트 12 점심 / 낮잠 1 2 증창실 업무철 초안작성 3
일반적인 시간기록	**목표를 관리하는 시간기록**

면서도 수시로 걸려오는 전화와 각종 지시에 흐름을 놓쳤다. 기존에 하던 일로 다시 돌아가기 전에 페이스북이나 인터넷 뉴스, 카톡을 보며 시간을 낭비하고 있었다. 큰덩어리의 시간이 없으니 중요하고 어려운 일은 뒷전으로 밀려났고, 미뤄놓은 일들이 쌓이고 쌓여 시간이 없는 내 삶을 만든 것을 알게 되었다.

두 번째는 진짜 중요한 목표와 관련된 시간이 적다는 것을 발견하였다. '개인 업무철 초안'을 작성하는 일은 최소 8시간이 걸리는 일이다. 8시간을 확보하려면 최소한 이틀이 필요하다. 하나의 일만 계속 할 수 없고, 여러 부서에 협조할 일이 많기 때문이다. 그리고 초안을 작성해야 할 데드라인도 있다. 그 시간 전까지 하려면 미리 시간을 확보해야 한다. 그런데 시간을 계획하지 않고 일부터 시작했다. 얼마만큼의 시간이 필요한지 생각하지 않았고, 어떤 일정이 있는지도 살펴보지 않았다. 시간 계획

을 미리 하지 않았기 때문에 중요한 일을 처리할 시간을 확보할 수 없다는 것을 깨닫게 되었다.

세 번째로 시간을 계획하고 기록하니 즉흥적인 약속이 줄어들었다. 저녁에 야근을 해야 하는 상황인데 동기가 저녁을 먹자고 한다. 맛있는 음식 생각에 꼭 해야 할 야근이 우선순위에서 밀린다. '저녁을 먹고 들어와서 다시 일을 해야지!' 했지만 의지와는 달리 저녁을 먹고 나면 커피도 마셔야 하고 몸도 나른해진다. 그런데 시간 계획을 종이에 미리 적어두니의지가 강해졌다. 즉흥적으로 생긴 유혹들을 뿌리칠 힘이 생겼다.

주변에서 종이보다 스마트폰에 메모하는 것이 더 효율적이지 않을까 질문하는 사람들이 많다. 종이에 메모하면 들고 다니는 것이 번거롭다는 이유에서다. 그 말을 듣고 여러 애플리케이션(이하 '어플')을 다운받아 사용해 보았다. To do list를 관리하는 어플, 스케줄과 목표를 동시에 관리하는 어플, 단순 메모 어플 등 무료에서부터 유료 서비스까지 안 써본 어플이 없었다. 종이 또는 바인더를 들고 다니지 않아도 되니 어디서든 볼 수 있는 장점이 있었다. 그런데 정작 중요한 문제가 있었다. 첫째는 내가 원하는 방법대로 UI User Interface를 바꿀 수 없었다. 사람마다 메모하는 방법과 원하는 서식이 다른데, 내가 원하는 형식으로 메모할 수 없었다. 둘째는 어디서든 볼 수 있으나 어디서도 보지 않는다는 점이다. 종이는 한눈에 메모들을 파악할 수 있다. 반면 어플은 메모를 확인하려면 스크롤을 위아래로 넘겨야 했다. 셋째는 기록하기 불편했다. 종이는 펜만 있으면 바로 쓸 수 있지만, 스마트폰은 글자를 쳐야 해서 오타도 많고 재빨리 메모할 수 없었다. 이렇게 스마트폰으로 기록하는 것은 시도에 그쳤다.

　적는 데도 방법이 있다. 날짜를 적고 그 날의 목표를 기록한다. 시간 계획과 시간을 사용한 결과를 기록한다. 이 두 가지만 해도 삶이 달라진다. 가시적인 성과를 기록으로 확인할 수 있기 때문이다. 목표와 시간을 관리하는 순간 성과지향적인 삶이 된다. 변화는 생각보다 쉽다. 메모하면 변화한다. 성과 있는 삶이 축적되면 행복으로 다가온다. 행복은 메모에서 시작될지도 모른다.

3

비로소 변화하기 시작하다

대위로 진급을 했다. 중위와 대위는 하늘과 땅 차이다. 농담 삼아 소위에서 중위로 진급하면 사람들이 '이제 진짜 장교가 되었네' 한다. 그런데 중위에서 대위로 진급하면 사람들이 '이제 일 좀 하겠네'라고 한다. 중위까지는 시키는 일만 잘 해도 최고의 칭찬을 듣는다. 대위부터는 갑자기 요구치가 높아진다. 대위부터는 시키는 일 외에도 창의적으로 일을 하기를 원한다. 업무의 최종 결과물인 문서는 누구나 이해하기 쉽게 작성할 수 있어야 능력을 인정받는다.

그해 7월 청주로 근무지를 옮기게 되었다. 수원에서 근무하던 보직은 중위가 근무할 수 있는 곳이어서 대위가 되면서 자리를 비워줘야 했다. 청주로 근무지를 옮기니 부담이 커졌다. 수원에서는 중위에서 진급한 대위였다면, 청주에 있는 사람들은 처음부터 '노 대위'라고 불렀다. 대위에 걸 맞는 기대를 하였다. 그런데 정작 나는 달라진 것이 없었다. 중위보다 받는 월급은 훨씬 많은데 일하는 능력은 그대로였다. 돈 많이 받는 중위였다. 스스로 만족하지 못했다. 대위에 맞는 능력을 갖추고 싶었다.

그러던 중 '3P자기경영연구소'에서 진행하는 셀프리더십 과정에 등록했다. 36만 원의 거금을 들였다. 돌파구가 필요했다. 혼자서 고민해보아야 답이 나올 것 같지 않았다. 왠지 자기경영 강의를 들으면 인생이 달라질 것 같았다. 11월 겨울 초입이었다. 30평 남짓한 지하 강의실에는 사람들로 가득 차 있었다. 얼마나 대단한 강의길래 이렇게 많은 사람들이 모여 있을까, 이 사람들은 과연 무엇을 하는 사람들일까 궁금했다. 몇몇 사람들이 자기소개를 하는데 다들 대단한 사람들처럼 보였다. 그 중에 한 명은 아직도 기억이 생생하다. 바로 '남다른 감자탕'의 이정열 대표였다. 큰 덩치를 가지신 사람이 너무나 작은 의자에 앉아 있었다. 이런 유명한 사람도 나와 같은 강의를 듣는다고 생각하니 더욱 동기부여가 되었다.

강의는 크게 두 가지 주제였다. 첫째는 성과를 내고 성장하는 방법이었다. 강사인 강규형 대표는 이랜드에 입사하여 말단 직원부터 퓨마 본부장까지 역임하였다고 했다. 회사를 나와서는 월급 120만원으로 시작해 연봉 4억의 보험 세일즈맨이 되었다. 보험 영업을 하며 주위에 알려준 바인더가 기회가 되어 바인더 교육 사업으로 이어졌다. 그는 강의에서 지금까지 커리어를 쌓아오면서 자신이 성장할 수 있었던 노하우를 전달해 주었다. 둘째는 바인더를 사용해야 하는 이유와 이를 통해 어떻게 성과를 낼 수 있는지였다. 성공한 사람들의 일화를 들어 기록의 힘을 보여주었다. 성공하는 사람들이 메모하는 방법, 바인더를 성과와 연관시켜

활용하는 방법을 전해주었다.

강의에서 배운 대로 바인더를 쓰는 것은 쉽지 않은 일이었다. 얼마나 해야 할 것이 많은지, 성과를 내려고 바인더를 사용하는 것이 아니라 바인더를 채우기 위해 바인더를 쓰는 것 같았다. 강의에서 배운 것과는 달리 업무 목록을 적는 용도로 바인더를 쓰게 되었다. 배운 대로 바인더를 쓰는 것은 아니었지만 바인더는 꼭 손에 들고 다녔다. 간혹 업무에 필요한 자료들을 출력해서 바인더에 꽂아 두었다. 종종 그 자료들이 쓰일 때면 바인더를 들고 다니길 잘했다고 생각하였다. 그리고 책을 읽기 시작하였다. 책을 읽지 않으면 이 세상에서 도태될 것만 같았다. 모두가 달려가는데 나만 제자리에 있는 기분이었다.

강의 말미에 개인적으로 질문을 했다.

"대표님, 저는 지금 '프랭클린 플래너'에서 나온 'CEO 사이즈'의 작은 크기의 플래너를 쓰고 있습니다. 왜냐하면 3P자기경영연구소에서 추천하는 A5 크기의 바인더는 너무 커서 들고 다니기 불편하기 때문입니다. 그럼에도 불구하고 A5 크기의 바인더를 사용해야 할 이유가 있나요?"

"좋은 질문이네요. 오히려 제가 질문 하나를 해볼게요. 박세리 선수가 골프장에 가면서 골프채를 두고 갈까요? 박지성 선수가 경기 하러 가면서 축구화를 두고 갈까요? 박찬호 선수가 야구장에 가면서 야구용품이 들어 있는 가방을 두고 길까요? 우리는 무슨 근로자일까요? '지식근로자'입니다. 지식근로자의 무기는 정보입니다. 업무에 필요한 모든 정보가 저 작은 플래너 안에 들어갈까요? 판단은 본인이 해보세요."

강규형 대표의 답변은 큰 충격이었다. A5 크기의 바인더는 사무실에서 일을 할 때는 유용하였다. 그런데 퇴근 후에는 가지고 다니지 않았다. 제법 부피가 있어 번거로웠고, 마치 사채를 하는 사람처럼 큰 바인더를 가지고 다니기가 부끄러웠다. 그동안 불편하다고 가지고 다니지 않았던 바인더에 대해 의문이 해소된 순간이었다. 강의가 끝난 뒤 바로 바인더를 바꿔 사용하기 시작했다.

사무실에서 업무와 관련된 내용을 프린트 할 일이 많다. 가지고 다니면서 봐야 하기 때문이다. 업무와 관련된 자료를 프린트 할 때 주로 사용하는 기능이 있다. '모아찍기.' A4 종이 한 장에 2쪽이 인쇄되어 나오는 기능이다. 이렇게 인쇄를 하면 문서 내용이 한 눈에 들어와 보기가 편하다. 또한 인쇄된 종이를 반을 접어 바인더 안에 넣어 두면 가지고 다니기도 편하다. 그동안 소탐대실 했던 것이다. 조금의 불편 때문에 성과를 버린 것이다.

자기경영 강의 중에 꿈을 적어 보는 시간이 있다. 오랜만의 경험이다. 기억으로는 초등학교를 다닐 때가 마지막이었다. 꿈을 종이에 쓰는 것만으로도 꿈을 이룬 것만 같았다. 마치 로또를 사서 주머니에 가지고 다니는 기분이었다. 이어서 꿈을 이루기 위한 세부적인 목표를 10년 단위로 계획하였다. 30대에는 어떤 목표를 가지고 살고, 40대, 50대에는 어떻게 살아야 할지 지침이 되었다. 마지막으로 올해 목표를 기록했다. 이것이 제일 중요했다. 꿈은 누구나 가지고 있다. 부자가 되고 싶고, 좋은 집과 멋진 차가 가지고 싶고, 해외여행도 자주 가고 싶다. 그런데 이 꿈을 이루기 위해 올해 어떤 목표를 가지고 살아야 할지는 생각하지 않았다. 올해의 목표는 꿈을 향한 징검다리이다. 꿈을 한 번에 이루기는 어렵다. 그렇지만 꿈을 쪼개고 쪼개어 작은 목표로 바꾸면 꿈과 가까워질 수 있다. 100억을 가진 부자가 되고 싶으면 10억부터 모아야 한다. 10억은 1억이 있어야 하고, 1억은 1,000만 원을 모으는 것부터 시작한다. 그런데 우리는 100억 부자가 되고 싶으면서 1,000만 원을 모으는 목표는 세우지 않는다.

꿈과 목표를 적었다. 30년 가까이 막연한 꿈만 가지고 있었다. '미국에 살아야지. 멋진 오너 셰프가 되어야지. 부자가 되어야지.' 꿈을 종이에 적은 것은 처음이었다. 꿈을 위해 올해 무엇을 해야 할지 고민한 것은 더더욱 처음이었다. 종이에 꿈과 목표를 적는 것만으로도 특별해진 것 같았다. 막연한 두려움만 있었던 내 꿈이 조금씩 자라나는 것처럼 느껴졌다. 할 수 있다는 자신감이 생겼다. 무엇보다 평범하게 살고 싶지 않았다.

변화하고 싶다면 기존과 달리 행동해야 한다. 올빼미형 인간이 아침형 인간이 되기란 무척이나 힘든 일이다. 12시가 넘어야 잠에 드는 사람이 새벽 5시에 일어날 수 있을까. 아침 일찍 일어나려면 일찍 잠자리에 들어야 한다. 침대에 누워서도 유튜브의 유혹을 이겨내야 한다. 처음에는 잠이 오지 않을 수도 있다. 멀뚱히 눈만 꿈뻑이더라도 일찍 자는 노력이 필요하다. 알람 소리를 듣자마자 벌떡 일어나는 의지도 필요하다. 처음부터 쉬울 리 없다. 그러나 노력하지 않으면, 시도하지 않으면 우리 삶은 변하지 않는다. 관성의 법칙은 우리 삶에도 그대로 적용된다. 사람은 변하기 싫어한다. 정신과 몸이 따로 논다. 변해야지 결심하더라도 몸은 변화를 거부한다. 작심삼일 100번의 노력으로 도전하고 이겨내야 한다. 혼자서는 어려울 수도 있다. 도움을 구하자. 아침 일찍 일어날 의지가 부족하면 새벽 수영을 등록하면 된다. 돈이 아까워서 아침 일찍 일어나 수영장에 가게 된다. 책 읽기가 어려우면 독서 모임에 가입하거나 독서 강의에 등록해 들어보자.

나는 절실히 변하고 싶었다. 이대로 살아서는 미래가 뻔했다. 한 번사는 인생을 특별하게 살고 싶었다. 그런데 방법을 몰랐다. 주변에 성공한 사람도 없었다. 속 시원히 앞길을 알려주는 어른이 있었으면 좋겠다고 생각했다. 내 인생은 36만 원짜리 자기계발 강의에서부터 변화하기 시작했다.

4

진짜 바인더를 만나다

2014년 11월에 셀프리더십 기본과정을 들은 후로 1년이 지났는데 여전히 부족하다는 생각이 들었다. 'Stay hungry'. 스스로 만족스럽지 않았다. 또 다른 돌파구가 필요했다. 바인더를 보다 더 잘 사용하고 싶었다. 셀프리더십 기본과정의 다음 단계인 코치과정에 등록했다. 무려 95만 원을 결제했다(지금은 160만 원이다). 대학생 시절 산악자전거를 산 이후로 가장 큰 돈을 썼다. 기본과정은 8시간의 수업을 통해 자기계발을 하는 방법과 바인더의 기본 사용법을 배운다. 그에 반해 코치과정은 1박 2일의 교육, 2개월간 담당 마스터와 진행되는 후속 코칭을 통하여 자기계발과 바인더 사용을 체화시키는 과정이다. 꼭 1년이 지난 2015년 11월, 셀프리더십 코치과정에서 진짜 바인더를 만나게 되었다.

셀프리더십 코치과정에는 생각보다 많은 사람들이 모여 있었다. 30여

명이 95만 원을 내고 강의를 들으러 왔다. 전국에서 이렇게 많은 사람들이 큰돈을 내고 교육을 받으러 왔다는 것에 놀랐다. 나만 미친 것이 아니구나 하는 생각이 들었다. 중소기업의 사장님도 있었고, 성직자, 직장인, 대학생까지 다양한 부류의 사람들이었다. 사람들마다 강의를 신청한 이유는 다양했지만 모두 변화하고 싶은 사람들이었다.

나는 이 강의를 통한 목표가 있었다. 첫번 째로는 성과를 내는 삶을 살고 싶었다. 지난 1년간 바인더를 사용하면서 바인더를 제대로 사용하면 혁혁한 성과를 낼 수 있을 것이라는 생각이 들었다. 두번 째는 바인더를 공군에 전파하고 싶었다. 공군에 들어오는 간부 누구나 '공군 업무수첩'을 받지만 업무수첩은 그저 메모지일 뿐이었다. 병사들 또한 마찬가지다. 이들에게 그 누구도 꿈과 목표, 시간을 관리하는 방법을 알려주지 않았다. 학교교육도 마찬가지로 지식만 가르친다. 정말 중요한 것은 자신을 관리하는 방법이다. 이것만 있으면 공부도 운동도 인성도 스스로 키울 수 있다. 공군에 들어오면 누구나 바인더를 통해 자신의 삶을 관리하는 방법을 배우면 좋겠다고 생각했다. 그리고 장차 국방부 전체에 이 교육이 퍼져 군대에 입대하는 누구나 자신을 관리하는 방법을 배우면 얼마나 좋을지 상상해 보았다.

셀프리더십 코치과정이 비싼 데는 그만한 이유가 있었다. 우선 서울 근교의 경치 좋은 연수원을 빌려 1박 2일 동안 밤늦게까지 강의와 열띤 실습을 한다. 그리고 2달 동안 5번의 소수그룹코칭과 8시간의 추가 교육, 마지막으로 엄청난 과제가 주어진다. 기준을 충족하지 않으면 수료증을 주지 않는다. 우스갯소리로 코치과정은 코피과정이라는 소리가 있었다.

끊임없이 해내야 하는 과제들에 혀를 내둘렀다. 당시에 나는 대학원 기말고사를 준비해야 했고, 미국 위탁교육 서류 준비도 동시에 해야 했다. 매일매일이 전쟁이었다.

두 달의 치열한 전쟁은 내게 변치 않는 DNA를 심어주었다. 이 전쟁을 통해 얻은 첫 번째 DNA는 '성장 DNA'이다. 사람들은 누구나 '성장하기를 원하는가'라는 질문에 모두가 'Yes'라고 대답한다. 그러나 실제로는 성장하고 싶은 것보다는 편하고 안락한 삶을 원한다. 문제는 편안한 삶은 성장 없이는 영위하기 어렵다는 것이다. 성장은 노력이 필요한데 노력은 힘들고 고된 일이다. 또한 성장하는 방법을 모르는 경우도 많다. 영어를 잘 하기 위해서는 영어 공부를 해야 한다. 그런데 막상 영어 공부를 시작하려고 하면 어떻게 영어 공부를 해야 할지 방법을 모른다. 나는 이 비싼 교육에서 이 두 마리 토끼, 즉 성장에 대한 동기부여와 성장하는 방법을 알게 되었다.

성장하겠다는 욕망은 마음 속 깊이 내재되어 있어야 한다. 그런데 조금 전에 언급했듯 성장은 노력과 결부되어 연상되기 때문에 힘들 거라는 마음이 생긴다. 이러한 마음을 극복하는 방법은 생각보다 간단하다. 너무나 간단해서 왜 이것을 몰랐을까 자책할지도 모른다. 바로 자신의 목표를 매일 보고 읽으면 되는 것이다. 꿈과 목표를 이미지화 시켜 집안 곳곳에 붙여놓고, 아침마다 나의 꿈과 목표를 소리 내어 읽는다. 목표를 종이에 몇 번이고 적는 것도 좋다. 《생각의 비밀》의 저자 김승호 회장은 자신의 꿈을 100번씩 100일간 종이에 적는다고 하였다. 정말 간절한 목표는 종이에 매일이고 적으면 이룰 수 있다고 했다.

성장하는 방법에는 두 가지 축이 있다. B&B, 즉 바인더Binder와 책Book
을 통해 성장하는 것이다. 바인더는 기록이다. 꿈과 목표를 기록하고, 오
늘 할 일과 이번 주의 할 일을 구체적으로 메모한다. 그리고 그 목표를
달성하기 위해 실천하면 된다. 책은 멘토다. 성공한 사람들을 매일 곁에
두고 만날 수 있다. 수많은 분야에서 성공한 사람들이 자신들이 성공한
비결을 책으로 남겨놓았다. 그들이 말한 방법을 따라 하기만 하면 된다.

성장은 계단식으로 이루어진다. 며칠 노력했다고 삶이 금세 달라지지
않는다. 그러나 포기하지 않고 꾸준히 B&B를 하면 어느새 성장한 자신
을 만날 수 있다. 나는 두 달간 치열하게 B&B를 하였다. B&B를 하면 인
생이 달라질까 의심했었다. 두 달 동안 꾸역꾸역 견뎌냈다. 95만 원의 돈
이 아까워서 착실히 과제를 해나갔다. 두 달만 견디자고 다짐하고 다짐
했다. 그랬더니 한 계단 올라선 나를 발견할 수 있었다. 성장의 맛을 보았
다. 한 번 성장의 맛을 본 사람은 어려움이 와도 쉽사리 포기하지 않는다.
성장 DNA가 작동하고 있기 때문이다.

두 번째는 정체성 DNA가 자리 잡혔다. 살면서 꿈과 목표는 종종 생
각해 보았다. 그러나 사명이나 비전을 고민해본 적은 없었다. 1박 2일의
강의 중 자신이 존재하는 이유에 대하여 생각해보는 시간이 있었다. 강
의에 참석한 사람이라면 누구나 자신의 사명과 비전을 쓰고 발표해야 했
다. 왜 살아야 하는가? 삶에 대한 근본적인 고민을 하게 되었다. 고민 끝
에 나의 사명을 완성하였다.

'레스토랑 사업을 통해 연매출 1,000억의 부자가 되겠다.'

내 삶의 존재 이유가 만들어지는 순간이었다.

이후 사명이 한 차례 바뀌었다. 《P31》이라는 책을 읽고 나서다. 이 책은 미국에서 건축회사 Tim Haahs를 이끄는 하형록 회장이 쓴 책이다. 하형록 회장은 두 번의 심장이식 수술을 하며 자신과 그의 회사의 비전을 찾게 되었다고 한다.

'We exist to help those in need.'
우리는 도움이 필요한 사람들을 돕겠습니다.

나는 이 글을 보고 세상에 이런 사람과 회사가 있다는 것에 굉장히 큰 충격을 받았다. 지금까지 나는 나 혼자 잘살아 보겠다고 발버둥쳐왔다. 돈이 많고 멋진 차를 타고 으리으리한 집에서 살고 싶었다. 그런데 하 회장의 사명을 보고 나 스스로가 부끄러워졌다. 그리고 나도 그와 같은 삶을 살아보겠다고 결심하게 되었다. 그리고 나의 사명을 바꾸었다.

'I exist to help those in need.'
나는 도움이 필요한 사람들을 돕는 데 내 삶을 사용하겠습니다.

사명이 있는 회사는 사업을 해야 할 이유가 있고, 사명이 있는 사람은 살아야 할 이유가 생긴다. 살아야 할 이유가 있는 사람은 쉽게 목숨을 끊을 수 없다. 어떤 위기가 닥쳐와도 사명을 가지고 살아간다. 살아야 하는 이유, '정체성'을 가슴 깊숙이 가지고 있기 때문이다. 만약 이 과정에 참여하지 않았다면 아직까지도 내가 왜 살아야 하는지 생각하지 못했을지도 모른다.

셋째로 성과의 DNA가 심어졌다. 바인더 속에는 비장의 무기가 숨겨져 있었다. 바인더에는 정말 중요한 두 가지가 있다. 하나는 앞서 언급한 사명과 비전, 꿈과 목표를 적는 공간이다. 또 다른 하나는 주간 스케줄(이하 '위클리Weekly)'을 작성하는 부분이다. 위클리를 통해 해야 할 일을 관리할 수 있다. 올해 계획한 목표를 달성하기 위해 이번 주에 해야 할 일이 있을 것이다. 예를 들어 연간 책을 50권 읽기로 했다면 이번 주에는 책을 1권 읽어야 한다. 책 1권 읽기가 한 주의 목표가 된다. 한 주에 책을 1권 읽기 위해서는 매일 30분이라도 책을 읽어야 한다. '매일 아침 30분 책 읽기'가 하루의 목표가 된다. 위클리를 쓰다보면 자연스럽게 성과를 낼 수 있게 된다.

DNA는 변하지 않고 영원하다. 몸에 한 번 박힌 DNA는 여간해서는 바뀌지 않는다. 고작 2달의 과정으로 성장과 정체성, 성과의 DNA가 생겼다. 처음 시작할 때는 그저 막연히 내 삶이 조금이나마 변했으면 좋겠다고 생각했다. 그 결과가 어떻게 될지는 상상할 수 없었다. 가보지 않은 길에 두려움도 있었다. 이 과정이 끝났을 때 내 삶이 하나도 변하지 않는다면 패잔병이 될 것만 같았다.

2달이 지났을 때 나는 전혀 다른 사람이 되어 있었다. 스스로 성장할 수 있는 방법을 알게 되었다. 나만의 정체성도 확립하였고, 성과를 내는 방법을 습득하였다. 덤으로 다른 사람을 도울 수 있는 '코치자격'을 획득하였다. 나를 바꾸고자 시작해서 남을 도와줄 수 있는 사람으로 변하였다. 바인더로 나와 남을 비롯한 세상에 선한 영향력을 미칠 수 있는 사람이 된 것이다.

바인더를 사용하지 않았다면 지금의 나는 존재하였을까. 그만큼 바인더가 내 삶에 미친 영향은 크다. 바인더는 겉으로 보면 형식적인 것에 지나지 않는다. 거추장스럽고 귀찮게만 보인다. 그러나 바인더의 속, 즉 그 내용을 알게 되면 새로운 세상이 열린다.

나만의 정체성을 확립하고, 전문성을 갖게 되며, 꿈과 목표를 관리할 수 있게 된다. 바인더를 사용해서 성공하는 것은 아니다. 다만 바인더는 성공하기 위한 기본 자질을 갖추게 해준다. 학교에서 어른들이 알려주지 않는 중요한 사실이다.

《하버드 스타일》을 쓴 강인선 씨는 하버드 학교생활에서 처음 배운 것은 '관리하는 능력'이라고 했다. 쏟아지는 과제 더미 속에서 시간을 효율적으로 사용하고, 해야 할 일과 하고 싶은 일을 관리하는 능력을 배웠다고 한다. 나는 하버드에 가지 않고도 바인더를 통해 '관리하는 능력'을 배운 것이다.

5

카이젠 하라

　미국에서 5개월간 위탁교육을 받았다. 간혹 지나가는 한국 자동차들을 보면 무척 반가웠다. 한국사람 한 명 찾아보기 힘든 도시에서 한국인을 만난 느낌이었다. 더군다나 자동차 산업의 강국인 미국에서 만난 한국 자동차는 왠지 모를 자부심마저 느끼게 해주었다. 그런데 미국은 특이하게도 절반 정도의 차량이 일본 차였다. 그중에서도 도요타 차량이 주를 이루었다. 미국 사람들이 무엇 때문에 도요타를 저리도 좋아하는지 궁금했다. 그들은 한결같이 '도요타는 잔고장이 없다'고 하였다. 2009년의 대규모 리콜사태에도 도요타가 승승장구 하는 이유는 무엇일까.

　《TOYOTA 무한성장의 비밀_{히노 사토시 저}》에서 그 답을 찾을 수 있었다. 지금의 도요타 자동차가 있기까지는 Just In Time(필요한 것을 필요한 때에 필요한 만큼만 만든다), 문서화된 절차와 매뉴얼, 그리고 카이젠이 도요타 발전의 핵심 원동력이 되었다고 한다. 특히 카이젠은 도요타 자동차의 생산력과 품질 향상에 기여한 공이 대단히 크다.

카이젠Kaizen은 끊임없는 개선을 뜻하는 일본식 한자어이다. 카이젠은 회사의 리더는 물론 일선의 생산 노동자 모두의 제안으로 이루어진다. 그중에서도 실제 작업 현장에서 일하는 노동자로부터의 개선은 카이젠의 핵심 원동력이다. 현장에서 작업하기에 불편한 점을 건의하면 그 즉시 받아들여져 모든 공장의 절차를 개선한다. 또한 생산력이나 품질을 향상시킬 수 있는 방법이 있다면 언제든지 의견을 수렴하여 생산 공정에 반영하였다. 이것이 도요타 자동차를 세계 1위 브랜드로 발돋움 시킬 수 있었던 것이다.

바인더도 마찬가지다. 바인더를 카이젠 하지 않으면 발전이 없다. 연말이 되면 많은 사람들이 서점에 들러 플래너 혹은 다이어리를 한 권씩 구매한다. 시중에 판매되는 수많은 플래너는 누구나 쉽게 시작할 수 있도록 나름의 서식을 넣어두었다. 그런데 문제는 이 서식들이 각각의 개인 삶에 맞게끔 제작되어 있지 않다는 것이다. 서점에서 산 플래너는 몇 달 뒤 서랍 한쪽에 고스란히 꽂히게 된다. '역시 난 플래너와 안 맞아!' 하고 이내 포기해버린다. 그도 그럴 것이 남들이 정해준 서식에 자신의 삶을 맞추려니 답답한 것이다.

사람마다 메모하는 방법이 다르고 삶의 형태도 다양하다. 따라서 그에 맞도록 내용물도 개선되어야 한다. 나는 운이 좋게도 처음부터 바인더 속지를 만들어 썼다. 바인더를 사용하기 이전에는 A4 용지 한 장짜리의 메모 용지를 만들었다. 그리고 공군 업무수첩에 직접 만든 메모 용지를 인쇄해 구멍을 뚫어 넣고 다녔다. 그리고 퇴근해서도 사용할 수 있게끔 새로운 바인더 커버를 샀다. 왠지 퇴근해서까지 '공군 업무수첩'을 들고 다닐 수는 없을 것 같았다. 그리고 새로 산 바인더에 내용물은 모두 직접 만든 서식들로 채웠다. 꿈 리스트, 목표선언서, To do list, 메모 용지 등 시간이 걸리더라도 내가 원하는 대로 만들었다. 그리고 사용하면서 불편한 점은 계속 개선해왔다.

지금도 마찬가지다. 나의 삶은 계속해서 변화하고 있다. 동시에 삶의 패턴과 생각도 변한다. 이 변화는 고스란히 바인더에 반영된다. 항상 책상에 펼쳐져 있는 위클리는 가장 자주 변하는 서식이다.

《타이탄의 도구들팀 페리스 저》을 읽고는 습관의 중요성을 깨닫게 되었다. 성공한 사람들의 특징은 좋은 습관을 가지고 있다는 것이다. 또한 계속해서 좋은 습관을 기르기 위해 부단한 노력을 한다고 하였다. 내 삶에 적용하면 좋겠다고 생각했다. 그래서 만든 것이 'Core Habbit'이었다. 매일 하면 좋은 습관들을 정해놓고 하루하루 체크하는 방식을 적용하였다. 내게 가장 중요한 습관 3가지는 자기확언Self-Affirmation, 명상, 운동이다. 이 셋을 바인더 한쪽 귀퉁이에 적어두고 매일 체크한다. 이렇게 하면 좋은 습관을 기르기 위해 어떤 노력을 했는지 알 수가 있다.

또 다른 하나는 《생각의 비밀김승호 저》을 읽고 바인더 위클리를 카이젠하였다. 김승호 회장은 자신이 원하는 것이 있으면 온통 그것으로 도배를 해놓으라고 했다. 그는 미국 내에 김밥 매장 300개를 만들겠다고 다짐했다. 곧장 미국 지도 한 장을 사서 지도 전역에 매장 300개가 들어설 장소의 위치를 모두 표시해 두었다. 300개의 매장을 표시한 지도를 사무실 벽면에 걸어두고 매일 보았다고 한다. 지금은 미국 내 300개의 매장을 넘어 전 세계 3,000개의 매장을 목표로 성장하고 있다.

김승호 회장과 똑같은 방법은 아니지만 나름의 방법을 만들었다. 위클리 만큼은 매일 펴놓고 지내기 때문에 내가 이루고 싶은 꿈과 목표들은 위클리 왼편에 적는다. 이제 나의 소중한 꿈과 목표를 매일 자동적으로 볼 수 있게 되었다.

카이젠은 어려운 것이 아니다. 자신의 필요에 맞게 조금씩 수정하면 그만이다. 새로운 것을 만들어내는 것이 아니다. 기존의 것에 조그마한 변화를 가하는 것이다. 창조는 기존에 있는 것을 서로 합치는 데서 시작된다. 아이폰은 MP3와 핸드폰을 합쳐 나온 것이다.

플래너나 다이어리는 그 속에 들어있는 서식을 우리에게 강요한다. 창조가 일어나지 않는다. 카이젠을 할 수 없는 구조다. 반면 바인더는 정해진 서식이 없다. 개인의 필요에 따라 만들 수 있다. 따라서 바인더라는 플

Core Habit							
습관	일	월	화	수	목	금	토
확언							
명상							
운동							

Core Habit

2018 Project List
● 책 쓰기
● 공군업무수첩 개선
● 0450 아침형 인간
● 월세수입 200만원
● 우리가정 핵심가치
● 집⇨조명/액자 설치

Project List

랫폼을 가지고 그 속의 내용물은 카이젠으로 지속적으로 개선하면 된다. 처음부터 자신에게 꼭 맞을 수는 없다. 사용하다 보면 필요가 생기고 필요를 충족시키려는 작은 노력이 더해지면 된다.

이 세상 모든 것은 변화한다. 변하지 않으면 정체되는 것이 아니라 뒤처지는 것이다. 고인 물은 썩는다. 모두가 앞으로 나아가고 있을 때 제자리에 멈춘 사람은 뒤처지기 마련이다. 자기계발도 마찬가지다. 나 자신과의 경쟁이다.

성장할 나와 지금의 나의 모습이 경쟁한다. 두 가지 내 모습이 존재한다. 성장하고 싶은 나와 힘들고 귀찮아서 현실에 안주하려는 나의 모습이 있다. 두 가지 자아는 내가 모두 가지고 있는 속성이다. 누구나 두 가지 모습을 가지고 있다. 선택이 중요하다. 대부분의 이가 자신의 이상과는 달리 현실의 나와 타협을 한다. 이를 해결할 대안이 있다.

바로 카이젠이다. 카이젠은 큰 노력이 들지 않는다. 기존의 것에서 조금만 앞으로 나아가는 것이다. 새로운 것을 창조하는 것이 아니기에 부담이 적다. 새로운 것을 만드는 것은 생각만 해도 부담스럽다. 카이젠 하는 아주 쉬운 방법이 있다. 불편한 것을 불편하지 않도록 만드는 것이다. '이런 것이 있었으면 좋겠는데', '이것은 없으면 훨씬 좋을 것 같아' 생각만 떠올랐던 것들 모두가 카이젠의 대상이 된다.

나의 바인더는 책 100권이 들어있다. 책을 읽고 삶에 적용할 것이 있으면 그 즉시 바인더에 반영한다. 《아침형 인간》을 읽고는 아침부터 일정을 계획할 수 있도록 바인더 서식을 수정하였다. 《디테일의 힘》을 읽

고는 메모를 할 수 있는 공간을 늘렸다. 《도요타 정리술》을 읽고 나서는 추진하고 있는 프로젝트에 태그를 붙여 체계적으로 정리할 수 있도록 했다. 《독서천재가 된 홍대리》를 읽고는 책을 많이 읽을 수 있도록 계획을 짜고, 읽은 책은 순서대로 정리할 수 있도록 표를 만들었다. 《GRIT》을 읽고 난 뒤에는 저자가 〈TED〉에서 강의 한 스크립트를 인쇄하여 바인더에 넣고 다니기도 했다. 책뿐이겠는가. 사람을 만나서 배운 것, 인터넷을 통하여 배운 지혜들 모두 바인더에 녹아 들어있다.

6

바인더를 통해 발견한 희망

2개월간의 셀프리더십 코치과정을 수료한 뒤 미국 공군에서 5개월 간 위탁교육을 받게 되었다. 제일 먼저 9주의 영어과정을 배운다. 나머지 기간 동안은 교관 기본과정BIC, Basic Instructor Course과 교육과정 설계ISD, Instructional System Design를 배웠다. 교관 기본과정에는 실습도 포함되어 있다. 내가 교관이 되어 학생들을 가르쳐 보는 시뮬레이션을 한다. 시뮬레이션은 10분과 20분 수업 각 1번, 50분 수업이 2번으로 총 4번의 수업을 하게 되어 있다. 50분 수업 중 한 번은 바인더를 소개하고 실습하는 시간을 가졌다.

모국어도 아닌 영어로 50분간 수업을 하는 것이 어디 쉬운 일이겠는가. 며칠을 꼬박 준비했다. 수업의 첫 시작은 자기계발의 대가인 브라이언 트레이시Brian Tracy의 영상을 보여주었다. 브라이언 트레이시는 《개인적인 성장을 위한 10가지 비결》에서 가장 중요한 것이 하루의 목표를 설

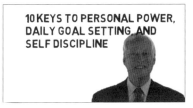

정하는 것이라고 하였다. 이 영상을 보여주고 시작한 수업은 대박을 쳤다. 끊임없는 질문이 쏟아졌고 나의 바인더에 굉장히 큰 관심을 보였다. 미국인도 이렇게 큰 관심을 가질 줄은 상상도 못했다.

　이뿐만 아니라 미국 내 한인교회에서도 대단한 관심을 받았다. 일요일이면 텍사스 주 달라스에 있는 한인교회를 다녔는데, 미국에 이민을 간 고모네 가족이 다니는 교회였다. 당시 불교를 믿던 내게는 큰 도전이었다. 어쨌든 미국에 갔으니 미국의 문화를 체험하기로 하고 교회에 나갔다. 교회에 갈 때도 항상 바인더를 들고 다녔다. 교회에 있던 사람들은 바인더에 관심을 보였다. 그도 그럴 것이 항상 부피가 제법 되는 바인더를 들고 다니는 내가 신기했을 것이다. 교인들은 일요일이면 성경을 신주단지처럼 들고 다니지만 내 손엔 항상 바인더가 들려있었다.

　예배가 끝나고 점심시간이면 바인더에 대해서 물어왔다. 그러면 나는 바인더를 한 장 한 장 넘겨가며 바인더가 무엇이고 왜 사용해야 하는지 알려주었다. 바인더 설명을 듣고 나면 하나 같이 대단하다며 치켜세워주었다. 몇 명에게 소개한 바인더는 금세 소문이 퍼졌다. 노경섭 하면 바인더라는 공식이 생겼다. 한국에서 건너온 공군 장교가 군인이 아닌 바인더 전문가로 알려졌다.

5개월간의 교육기간 중에 2번의 공식적인 휴가가 있다. 휴가는 대략 열흘에서 보름 정도로 비교적 길게 주어진다. 긴 휴가기간 동안 무엇을 할지 고민하였다. 제일 먼저 떠오른 생각은 여행이었다. 텍사스에서 비교적 가까운 라스베가스와 근처의 그랜드 캐년, 서부의 LA와 샌프란시스코, 동부의 뉴욕과 워싱턴 등 가고 싶은 곳이 많았다. 그런데 혼자 하는 여행은 무척이나 지루하고 재미없을 것 같았다. 그리고 여행은 나중에 성공하면 언제든 갈 수 있을 것 같다는 생각이 들었다.

그래서 아무도 하지 않는 재미있는 결심을 하였다. '미국에서 레스토랑을 경영할 테니, 미국에서 유명한 레스토랑에서 일을 해보자!' 페이스북에서 우연히 LA의 유명한 레스토랑을 알게 되었는데, 한국인 오너 셰프 두 명이 운영하는 작은 레스토랑이었다. 인터넷에 찾아보니 굉장한 유명세를 떨치고 있었다. 한국인이 미국 사람들을 대상으로 성공한 레스토랑을 운영한다는 것 자체가 호기심의 대상이었다. 그리고 메뉴도 굉장히 특이했다.

이곳에서 일을 해보고 싶었다. 물론 무급이었다. 공무원 신분으로 돈을 받고 일을 할 수는 없었다. 물론 유명한 레스토랑에서 돈을 주면서까지 나를 고용할 이유가 없었다. 이력서를 만들어야 했다. 그런데 남들처럼 이력서를 쓰면 나를 뽑아줄 것 같지 않았다. 한국에서 온 공군 장교를, 요리 경력도 거의 없고, 단 며칠 일을 하다 떠날 사람을 채용할 이유가 없었다. 그래서 한 장짜리 이력서가 아닌 스토리를 담아 이력서를 만들었다. PPT로 나에 대한 간단한 소개와 미국에 있는 이유, 이 레스토랑에 지원하게 된 계기, 그리고 내가 기여할 수 있는 부분에 대해 썼다. 바인더를 쓰고 있다는 짧은 소개와 바인더를 통해 레스토랑을 시스템화 할 수 있다는 내용을 강조하였다.

노력이 가상했을까. LA의 유명 레스토랑에서 나를 불러주었다. 이 레스토랑의 이름이 바로 'BAROO'이다. 바루는 내가 꿈꾸던 레스토랑이었다. 한국 음식에서 아이디어를 가져와 서양식 조리법으로 요리를 한다. 20평 남짓한 작은 가게는 연일 만원이었다. 손님 대부분이 미국 사람들이었다. 어디에도 없을 기회를 낚아챘기에 정말 열심히 일했다. 음식을 준비하는 데는 서툴렀지만 청소만큼은 자신 있었다. 무급임에도 내 가게처럼 구석구석 쓸고 닦았다. 일하는 첫날부터 두 권의 바인더를 보여줬다. 하나는 매일 들고 다니던 바인더였고, 다른 하나는 일하러 오기 전 바루에 대하여 조사한 모든 내용을 담은 바인더였다. 그리고 내가 앞으로 하고 싶은 것에 대해서도 이야기를 나누었다. 바루의 레시피부터 운영하는 시스템까지 매뉴얼을 만들어 바인더에 담고 싶다고 이야기 했다.

바루에서 6일을 일하고 돌아가는데 언제든 바루에 일하러 와도 된다는 놀라운 제안을 받았다. 의무복무기간이 한참 남은 나로서는 수락 불가능한 제안이었지만 너무나 감사했다. 바루에 수많은 요리사가 다녀갔을 것이고, 요리 실력으로는 별 볼일 없는 내게 제안을 해준 것이 감사했다. 바루는 요리 실력을 보고 내게 제안을 한 것이 아니다. 아마도 성실함과 바인더로 나 자신과 업무를 관리하는 능력을 높이 샀으리라 생각한다.

미국에서 바인더로 한껏 주가를 높인 뒤 한국으로 돌아왔다. 한국으로 돌아와서 그동안 꿈꾸던 일을 시작했다. 비싼 돈을 들여 셀프리더십 코치과정을 수강한 데는 나 자신의 성장 이외에 또 다른 꿈이 있었다. 그것은 공군에 들어오는 사람들이 바인더를 통해 자신을 관리하는 능력을 배우도록 하는 것이었다.

먼저 주변에 있는 사람들부터 바인더를 알려주기 시작하였다. 같이 일하는 동료들에게 바인더를 설명하고 사용법을 알려주었다. 한 명 두 명 알려주기 시작한 것이 규모가 제법 커져 강의 PPT를 만들게 되었다. 문제는 바인더를 사용하려면 비용이 들었다. 사람들은 커피와 식사에는 몇만원을 기꺼이 지불하면서 자기계발에 몇 만 원 쓰는 것은 아까워했다.

때마침 공군본부에서 평생교육 사업으로 부대별로 예산을 신청하라는 공문이 하달되었다. 야심차게 300명분, 총 800만 원의 예산을 신청했다. 매달 30명씩 1년간 바인더 교육을 하겠다는 계획을 세웠다. 이를 좋게 여겼는지 신청한 예산 모두를 배정 받고 바인더와 바인더 관련 용품을 주문하였다. 매달 바인더 강의를 듣고 싶은 신청자를 받았다. 첫 달은 인기가 별로 없었다. 바인더를 알지도 못했고 굳이 시간을 내서 기꺼이 강의를 듣겠다는 사람이 드물었다. 10명 남짓한 사람들로 강의를 시작했다.

한 번의 강의 후 바인더에 대한 소문이 나면서 다음 강의부터는 선착순으로 수강생을 제한하기 시작하였다. 강의를 들은 사람들의 피드백도 굉장히 좋았다. '군대에서 하는 강의라 별 기대를 하지 않고 들었는데, 인생을 바꿀 만한 강의였다', '주변의 권유로 신청을 했는데, 올해 내가 한 최고의 선택이었다'는 등 수강생들의 평이 너무 좋았다.

1년간 바인더 강의를 하며 세 가지를 알게 되었다. 첫째, 사람들은 변화를 원한다. 둘째, 변화를 원하지만 변화하는 방법을 모른다. 셋째, 그럼에도 변화하는 방법을 열심히 찾지 않는다. 대부분의 사람들은 지금보다 나은 삶을 살기를 원한다는 것이다. 그런데 변화하는 방법을 모르고 찾아보지도 않는다. 게을러서, 바쁘다고, 시간이 없다는 핑계로 정말 중요한 것을 생각하지 않는다. 그들은 누군가가 뿅 하고 나타나서 자신의 삶을 바꾸기를 원하는지도 모르겠다.

내가 한 일은 무료 바인더 강의였다. 바인더로 성장한 나의 경험을 사람들과 나누고 싶었다. 누구에게나 바인더를 통해 인생이 바뀌는 경험을 전달해 주고 싶었다. 바인더를 통해 삶이 바뀐 것은 비단 나 혼자만의 이야기가 아니다. 성공한 사람 대부분은 메모를 했고 자신의 꿈과 목표를 종이에 적었다. 아주 오랜 시간 노하우가 축적된 성공 공식이다. 이미 증명된 성공 공식을 사람들과 나누었다.

누구나 인생을 변화시킬 수 있다. 인생에 몇 번의 기회가 찾아온다. 아니, 기회는 어디에나 있다. 발견하지 못했을 뿐이다. 나는 바인더를 통해 희망을 발견했고 그 희망을 사람들에게 나누어 주었다. 그들도 내가 찾은 희망과 함께 인생을 바꾸어 나갔다. 이 희망의 불씨는 앞으로도 세상에 퍼져나갈 것이다.

7

4P 본질적 바인더

책장에서 쓰다만 다이어리를 발견했다. 대청소를 할 때면 어김없이 발견되는 요주의 물건이다. 간혹 횡재하는 경우도 있다. 아예 포장지를 뜯지도 않은 다이어리를 찾는 경우도 심심찮게 있다. 누구에게나 한 번쯤은 있음직한 경험이다. 연말만 되면 서점에는 다이어리가 매대 가득 쌓인다. 스타벅스 다이어리를 가지고 싶어 커피를 마시는 사람도 있다. 연말연시는 반짝 다이어리 열풍에 휩싸인다. 그리고 곧 그 열기는 사그러든다.

연초에 다이어리와 함께 했던 결심은 오래가지 않는다. 며칠 쓰다가 접어두고 먼지가 쌓일 때까지 쳐다보지 않는다. 스마트폰 시대에 누가 다이어리를 쓰냐며 핀잔도 받는다. 우리는 왜 쉽게 포기할까? 당찬 포부로 스스로와 맺은 약속은 왜 지켜내지 못할까? 바인더로 사람들을 돕기 시작하면서 어떻게 하면 바인더를 쉽게 쓸 수 있을지 고민하게 되었다.

셀프리더십 코치과정에서 바인더를 배울 때는 시키는 대로만 했다. 나는 모범학생처럼 가르치는 모든 것을 흡수하려 애썼다. 바인더는 16가지 챕터로 구성된다. 1번부터 16번째 챕터까지 모든 내용을 채우기 위해 2달이 걸렸다. 그것도 담당 마스터의 섬세한 지도가 있었기에 가능했다. 막상 16가지 챕터의 모든 내용을 채우고 나니 생각보다 쓰지 않는 자료들이 많았다. 예를 들면 지인들의 연락처가 있는 챕터는 휴대폰으로 모두 대체 가능했고, 취미를 넣는 챕터에는 넣을 자료가 없어 최근에 본 영화 팸플릿을 넣기도 했다. 16가지 챕터를 가르치는 것도 일이었다. 3시간의 강의 시간 동안 이 모든 것을 알려주는 것은 불가능했다. 여러 강의에 가보았지만 3시간 이상 집중하기란 여간 쉬운 일이 아니다. 나조차 쓰기 어려운 바인더를 초보 사용자에게 사용하라고 하는 것은 어불성설이었다.

고민 끝에 8개 챕터로 절반을 줄였다. 그리고 강의에 이름도 붙였다. 이름하여 '8색 본질적 바인더'다. 8색은 8개의 챕터를 의미하는데, 8챕터라고 하기에는 어감이 좋지 않았다. 대안으로 8개의 챕터마다 각각의 색깔을 부여하고 8색으로 명칭을 지었다. 굳이 8색 바인더라고 해도 되지만 본질적이라는 단어를 추가하였다. 이것은 중요한 의미가 있다. 강의를 듣는 사람의 입장에서는 8개의 챕터가 왜 있는지 이해하기 힘들었다. 다시 말해 왜 8개의 챕터를 써야 하는지 모른 채 시키는 대로 바인더를 사용하고 있었다. 그래서 각각의 챕터를 사용하는 본질, 즉 '왜 이 챕터를 사용하는가?'라는 질문에 답을 하기 위해 '본질'을 추가하였다.

8개의 챕터의 구성은 다음과 같다. 자기를 소개하는 Intro, 업무 자료를 넣는 Work, 프로젝트를 관리하는 Project, 꿈, 목표, To-do list를 관리하는 Plan, 메모를 하는 Memo, 자기계발에 관한 자료를 넣는 Study,

미래를 미리 준비하는 If I, 개인적인 자료를 가지고 다니는 Private로 되어 있다. '8색 본질적 바인더'로 1년 동안 300명의 사람들을 대상으로 강의를 하였다. 초등학생부터 50대 아저씨까지 연령대도 다양했다.

16개 챕터에서 8개 챕터로 절반으로 줄였으니 강의를 듣는 사람들을 나름 배려하였다고 생각했다. 강의 평도 굉장히 좋았다. 시간이 지나서도 여전히 바인더를 사용하고 있는지 궁금했다. 추적조사해 보니 강의를 들은 많은 이들이 여전히 바인더를 들고 다녔다. 그런데 그중 대부분의 사람들이 바인더를 단순히 To-do list를 적는 메모용으로 한정하여 사용하고 있는 것을 알게 되었다. 이유는 바인더가 쓰기 어렵다는 것이다. 너무 많은 챕터에 질려버린 것이다.

다시 파격적으로 바인더를 재편하였다. 8개의 챕터를 4개로 확 줄였다. 처음에 배웠던 16개의 챕터에서 무려 12개의 챕터를 날려버렸다. 바인더의 본질만 보기로 했다. 이제는 바인더의 본질만 전해주기로 하였다. 누구나 조금만 노력하면 인생을 바꿀 수 있는 바인더 사용법을 전해주고 싶었다. 3시간의 강의만 들으면 삶이 바뀌는 강의를 하고 싶었다. 그렇게 해서 '4P 본질적 바인더'가 탄생하였다.

4P는 Pro, Plan, Project, Post it의 앞 글자만 따서 4P라고 지었다. 또한 각각의 챕터를 쓰는 이유, 즉 본질을 여전히 강조하는 의미로 '4P 본질적 바인더'라고 불렀다. 사용자가 각 챕터의 본질을 알아야 효과가 배가 되기 때문이다.

첫 번째 챕터인 Pro의 본질은 Only one이다. Pro 챕터를 쓰는 이유는 세상에 딱 하나 존재하는 사람이 되기 위해서이다. 핑크펭귄 이야기를 잠시 해야겠다. 남극에 사는 펭귄은 매서운 추위를 이기기 위해 수만 마리가 떼로 모여 있다. 문제는 서로가 너무나 비슷해서 어미도 자신의 새끼를 구분하기 어렵다고 한다. 그런데 그 새끼 중 한 마리가 핑크색이면 어떨까? 누구든 멀리서도 이 펭귄을 쉽게 찾을 수 있을 것이다. 이것이 핑크펭귄 이야기다. 누구나 나를 알 수 있는 나만의 핑크색이 있어야 한다. 그렇다면 나의 핑크색은 무엇인가. 이것을 고민하는 것이 Pro를 사용하는 목적이다.

Pro에는 Only one이 되기 위한 자료들을 들고 다닌다. 먼저, 어떤 핑크펭귄이 될 것인지 선언한 1page 자기소개서를 넣는다. 1page 자기소개서에는 자신이 되고 싶은 모습과 한 문장으로 자신을 정의한 사명을 적어두면 좋다. 그 다음으로 언제 어디서든 자신을 홍보할 수 있도록 개인 커리어와 자신만의 소개 자료를 넣어 둔다. 그리고 자신이 몸담고 있는, 혹은 가고 싶은 회사에 대한 소개 자료를 스크랩한다. 마지막으로 업무와 관련해 자주 보는 자료를 넣는다. 이것이 중요한데, Only one은 남달리 일하는 사람이다. 언제 어디서든 불쑥 들어오는 질문에도 바로 대답할 수 있는 사람이다. 당신이 상관이라면 누구를 쓰고 싶겠는가. 항상 준비된 사람과 질문할 때마다 시간이 필요한 사람, 둘 중에 누구를 선택할지 결과는 뻔하다. 언제 어디서든 준비된 사람이 되어야 한다.

군대에는 수많은 인사장교가 있고 나는 그중에 한 명일 뿐이다. 그런데 나는 One of them, 즉 그저 그런 인사장교가 되고 싶지 않았다. Only one이 되고 싶었다. 나는 나를 'B&B로 성장을 돕는 인사장교'가 되기로 선언하였다. 나만의 핑크색이다. 당신의 Only one은 무엇인가? 핑크 펭귄이 되어보자. One of them이 아닌 Only one이 되어보는 것이다.

두 번째 챕터는 Plan이다. Plan의 본질은 Alignment다. Alignment는 다음 챕터에서 자세히 설명할 것이지만, 한 단어로 설명하면 '정렬하기'다. 누구나 꿈이 있다. 그 꿈을 이루기 위해서는 올해 그 꿈을 이루기 위한 하위목표를 세워야 한다. 또한 올해의 목표를 이루기 위한 주간계획도 설정한다. 주간계획은 매일 매일의 To-do list로 쪼갤 수 있다. 즉, 꿈을 이루기 위해 연간목표, 주간목표, 그리고 오늘의 목표까지 한 줄로 정렬시키는 것이 Alignment이다.

세 번째 챕터는 Project다. 프로젝트의 본질은 Performance, 즉 성과이다. 첫 번째 챕터인 Pro에 자료가 없다면 '나는 전문가(Pro)가 아닙니다'라는 의미일 수도 있다. 세 번째 챕터인 Project에 자료가 없으면 '나는 성과가 없습니다'라고 비칠지도 모른다. 성과가 없는 이유는 성과를 관리하지 않아서이다. 성과를 관리한다는 의미는 어떤 성과를 낼지 고민하는 단계부터 출발한다. 성과를 내기 위해서는 제목부터 쓰는 것이 중요하다. 어떤 성과를 낼 것인가, 업무에서, 개인적인 영역에서 달성하고 싶은 목표를 종이에 써보자. 그리고 그 목표를 이루기 위한 하위 목표를 적는다. 예를 들어 올해 50권의 책을 읽는 것이 목표라면, 설과 추석이 있는 주를 제외한 모든 주에 1권씩 책을 읽는다는 하위목표를 설정한다. 읽고 싶은 책의 종류도 선정해본다. 주로 책을 읽을 시간도 정한다. 10권씩

읽을 때마다 자신에게 줄 보상도 종이에 적는다. 그리고 실행한다. 이것이 바로 성과다. 성과는 관리할 때 빛을 발한다.

마지막 챕터는 Post it이다. Post it 챕터의 본질은 Idea이다. 메모는 Idea다. 한 번 떠오른 아이디어는 메모지에 쓰지 않으면 금세 달아난다. 시간이 지나 아무리 생각해봐도 쉽게 떠오르지 않는다. 그것이 아이디어의 본질이다. 좋은 아이니어는 지금 당장 메모해야 한다. 그런데 많은 사람들이 메모를 할 때 포스트잇에 한다. 쉽게 떼고 붙일 수 있기에 간편하고 편리하다. 이러한 장점은 오히려 단점이 될 수도 있다. 한 번 쓴 포스트잇은 쉽게 버린다. 나중에 메모를 다시 뒤져볼 일이 있어 찾아보면 어디서 잃어버렸는지 모를 때가 많다. 그래서 메모는 바인더에 철한 메모지에 하는 것을 추천한다. 언제든 다시 찾아볼 수 있기 때문이다.

'4P 본질적 바인더'로 바꾸고 나니 이제는 바인더 쓰기가 큰 부담이 되지 않는다고 말하는 사람들이 많아졌다. 누구나 어렵지 않게 바인더를 시작할 수 있다. 3시간의 짧은 강의만 들으면 인생이 바뀌는 경험을 하게 된다.

나에겐 꿈이 하나 있다. 병사를 포함한 공군에 들어오는 모든 사람들이 바인더를 통해 인생이 바뀌는 경험을 했으면 하는 것이다. 공군에 들어와서 꿈과 목표를 관리하는 방법을 배웠다고 증언하는 이들이 많아졌으면 한다. 나아가 육해공군 모두에게 이 바인더의 놀라운 기적이 전해졌으면 좋겠다. '우리 아들이 군대에 갔더니 달라졌어요!'라고 외치는 부모들로 가득한 나라가 되었으면 좋겠다.

8

내 인생 Alignment 하기

자동차 타이어는 적정 시기가 되면 새 것으로 교체해야 한다. 타이어를 교체하고 난 뒤 추가로 비용을 지불하고 반드시 해야 하는 것이 있다. 바로 타이어 정렬Alignment이다. 타이어 정렬을 하지 않고 운전을 하면 자동차가 똑바로 가지 않고 한쪽 방향으로 쏠리게 된다. 이는 핸들을 놓고 운전해보면 쉽게 확인할 수 있다. 운전자는 이를 바로 잡기 위해 핸들을 비교적 강한 힘으로 잡고 있어야 한다. 이는 장거리 운전을 하게 되면 굉장한 피로감으로 작용한다. 타이어의 편마모도 불러일으킨다. 이러한 이유로 추가 비용을 지불하면서까지 타이어 정렬을 한다.

사람들은 타이어를 정렬하는 데는 몇 만 원을 들인다. 반면에 정말 중요한 자신의 인생에 대해서는 정렬을 할 생각을 하지 않는 것 같다. 삶을 어떻게 정렬하냐며 묻는 사람들은 양반이고, 정렬할 생각조차 하지 않는 사람들이 대다수이다.

인생은 어떻게 정렬할까. 이것이 '인생 정렬하기Life Alignment'이다. 우선 꿈을 이루기 위한 목표를 설정한다. 다음으로 그 목표를 이루기 위한 하위목표를 설정한다. 이 하위목표를 오늘의 삶에 실천하게끔 만든다. 오늘을 제대로 산다면 자신의 꿈이 이루어질 수 있도록 설계하는 것이다.

인생 정렬하기의 방법은 다음과 같다. 먼저 꿈을 적는다. 꿈을 적을 때는 방법이 있다. 생각나는 대로 적되 영역을 구분해서 적는다. 종이 한 장을 꺼내어 5개의 칸으로 구분한다. 제일 위쪽 칸에는 '되고 싶은 모습'을, 그 아래는 '하고 싶은 일'을, 가운데는 '갖고 싶은 것'을, 네 번째는 '가보고 싶은 곳'을, 마지막에는 '나누어 주고 싶은 것'을 적는다. 이때 이루고 싶은 구체적 연도를 함께 쓰는 것이 좋다. 예를 들어 일본 여행을 가고 싶으면 '2020년 일본 여행'이라고 적는 것이다.

5개의 영역 중에서 가장 중요한 것은 '되고 싶은 모습'이다. 되고 싶은 모습만 제대로 적으면 아래 4개의 영역은 자동적으로 채워질 수도 있다. 나의 꿈 리스트 중 하나는 '2022년 미국에서 요식사업 시작하기'다. 2022년에 미국에서 요식사업을 시작하려면 한국에서 준비해야 할 일들이 있다. 우선 영어를 잘 해야 한다. '하고 싶은 일'에 '2020년까지 영어 완벽하게 구사하기'를 또 다른 꿈으로 적는다. '갖고 싶은 것'에는 요식사업 준비를 위한 '유명한 브랜드의 좋은 칼을 가지고 싶다'고 적었다. '가보고 싶은 곳'에는 아이디어를 얻기 위한 '외국 미식투어'를 적었다. 이런 방법으로 되고 싶은 모습과 관련된 또 다른 꿈들이 문어발처럼 확장되어 생겨날 수 있다.

막상 꿈을 종이에 쓰려고 하면 20개도 넘기지 못 한다. 영역별로 10개 이상 쓰겠다는 목표를 가지고 써보자. 꿈이 잘 생각나지 않을 때는 '가보고 싶은 곳'을 먼저 적는 것도 좋다. 여행은 누구나 하고 싶어 하기 때문에 쓸 때 큰 부담이 없다.

꿈도 성장하고 변화한다. 종이 한 장 빼곡히 꿈 리스트를 적었다고 해서 그 꿈이 영원한 것은 아니다. 어떤 꿈은 사라지고 어떤 꿈은 더 크게 자라날 수 있다. 새로운 꿈도 생긴다. 그러기에 항상 꿈 리스트를 손에 쥐고 다녀야 한다. 아이디어가 떠올랐을 때 바로 메모할 수 있도록 준비되어 있어야 한다. 순간의 아이디어를 잡는 것이 중요하다. 꿈은 다른 사람을 통해 생길 수도 있다. 큰 꿈을 가진 사람, 멋진 꿈을 가진 사람과 대화하다 보면 생각지도 못한 놀라운 발견을 할지도 모른다.

두 번째는 이 꿈을 이루기 위한 '올해 목표'를 작성한다. 올해 목표도 꿈 리스트와 마찬가지로 영역을 구분하여 목표를 작성하면 좋다. 직업과 자기계발을 첫 번째에, 생활습관과 건강을 그 다음으로, 세 번째는 여행, 네 번째는 가정과 지인을 위한 목표, 다섯 번째는 사회와 봉사, 마지막으로 물건과 저축을 위한 영역으로 구분한다.

올해 목표는 앞서 작성한 꿈 리스트를 작성할 때보다 훨씬 구체적이어야 한다. 구체적으로 직어야 이루어질 확률이 높다. 작년 연봉보다 1,000만 원을 더 벌고 싶은 목표가 있다고 치자. 그런데 1,000만 원을 더 벌기 위한 구체적인 계획이 없다면 이 목표는 허황된 목표에 그칠지도 모른다. 따라서 목표를 1,000만 원 더 벌기로 설정했다면 그에 따른 하위목표를 작성해야 한다. 부동산으로 벌 것인지, 주식으로 벌 것인지, 유튜브로 벌 것인지, 아르바이트를 할 것인지 상세한 계획을 작성해야 한다.

올해 목표 중에서도 단연 중요한 것은 직업과 자기계발 영역이다. 성공과 관련되어 있는 영역이기에 공을 들여 세심하게 작성해야 한다. 그런데 생활습관과 건강 영역은 간과하기 쉽다. 진짜 중요한 것은 생활습관과 건강이다. 습관이 결국 나를 만들기 때문이다. 습관은 몇 시에 일어나고 몇 시에 잠자리에 들고, 출근 전 아침시간은 어떻게 보낼 것이고, 점심시간과 퇴근 후 시간은 어떻게 쓸 것인지 계획하는 것이다.

나의 삶은 굉장히 단순하다. 5시에 일어나 글 쓰고 책 읽고 운동을 한다. 샤워한 뒤 늦어도 업무시간 30분 전에는 출근을 한다. 점심시간에는 식사를 하고 SNS를 잠시 한 뒤 책을 읽는다. 퇴근 후엔 운동을 하고 곧장 카페에 가서 혼자만의 시간을 가진다. 패턴화 되어 있기 때문에 고민할 필요가 없다. 습관화 되었기 때문이다. 건강도 굉장히 중요하다. 건강하지 못하면 직업적인 전문성의 발전과 자기계발은 엄두도 못낸다. 운동을 하면 하루가 짧아지지만 인생은 길어진다. 반드시 별도의 시간을 할애하여 노력을 해야 할 부분이다.

세 번째로 '주간목표'를 쓴다. 이번 주에 꼭 성취해야 할 일을 적는 것이다. 주간목표 중 어떤 일은 하루 만에 끝낼 수도 있고, 그렇지 않은 일들도 있다. 예를 들어 'A라는 보고서 작성'은 여러 부서의 도움과 시장 조사를 해야 하기 때문에 하루만에 완성할 수 없다. 혹은 어떤 특정한 날에 끝내지 않아도 되는 일도 있다. 어찌되었든 이번 주에 해야 할 일들을 기록한다.

최근 카드 값이 너무 많이 나와 어떻게 하면 지출을 줄일 수 있을까 고민했다. 유튜브에서 강의를 들었다. 지출을 아끼는 해결책으로 '주간용돈'을 쓰라고 하였다. 새로 은행계좌를 만들고 그 계좌와 연동된 체크카드를 발급받았다. 그리고 그 계좌에 매주 용돈을 보낸다. 어떻게 해서든지 그 돈 안에서 돈을 쓰는 것이다. 나는 매주 20만 원을 받기로 했다. 차량 유지비에 각종 공과금을 내려면 실제로 쓸 수 있는 돈은 10만 원이 조금 넘었다. 대부분은 20만 원을 다 썼다. 가끔은 3만 원 정도 남았는데, 이런 경우 다음 주에는 17만 원이 계좌에 채워진다. 20만 원에 맞추는 것이다. 이렇게 하니 굉장히 많은 돈을 절약할 수 있었다. 만약 매월 용돈을 받아썼다면 아마 보름 만에 용돈을 모두 다 써버렸을지도 모른다. 매주 용돈을 받으니 돈을 아껴 써야겠다는 실체적 목표가 생겼다. 이것이 바로 주간목표의 힘이다.

마지막으로 '일일목표'를 기록한다. 오늘 반드시 해야 하는 일을 적는다. 말 그대로 To-do list이다. 해야 하는 일에는 계획된 시간도 같이 작성한다. B라는 미팅이 11시에 계획되어 있다면 늦어도 12시에는 끝날 것이라고 계획하는 것이 좋다. 그래야 회의시간을 아껴 사용할 수 있다. 친구와의 약속도 6시에 있다면 8시에 끝낸다고 미리 계획해두는 것이 좋다. 서로의 시간은 중요하기 때문이다. 일일목표는 성취하는 맛이 있다. 미리 계획한 일을 마무리하며 To-do list에서 하나씩 지워가는 재미가 있다.

내 인생 정렬하기는 4단계로 끝낼 수 있다. 꿈 리스트를 작성하고, 꿈을 달성하기 위한 올해목표를 적는다. 올해목표를 쪼개어 주간목표를 설정한다. 주간목표를 쪼갠 목표가 일일목표가 된다. 일일목표는 꿈 리스트와 연관되어 있고, 꿈 리스트를 쪼개보면 일일목표와 맞닿아 있다. 일일목표를 달성하다 보면 결국 꿈에 다가가 있을 것이다.

목표는 부담이 아니라 행복이다. 목표가 있어 부담되는 것이 아니라 목표가 있어 설렌다. 목표가 없는 삶은 희망이 없는 삶이다. 기대되는 내일이 없기에 행복하지 않다. 목표가 부담이 되는 것은 그 목표가 너무 거대하거나 나와는 상관없는 일이 될 때다. 목표는 노력에 의해서 달성 가능해야 한다. 따라서 로또 당첨과 같은 일은 목표가 될 수 없다. 나는 매년 목표를 설정한다. 그 목표를 종이에 적고 인쇄하여 매일 가지고 다닌다. 틈만 나면 목표를 읽는다. 종이에 적힌 목표를 보는 것만으로도 행복하다. 목표를 이루었을 때 나의 모습이 떠오르기 때문이다.

목표를 세울 때 중요한 팁이 있다. 첫 번째는 성취 가능한 목표여야 한다. 영어에 자신이 없는 사람이 토익 950점이라는 목표를 세우는 것은 비현실적이다. 올해 연봉 2배를 올리기는 힘들지만 작년보다 매달 '50만 원 더 벌기'는 가능할 수도 있다.

두 번째는 목표를 이루기 위한 하위목표를 세워야 한다. 결혼 이후 신혼여행에서의 폭식과 매일 저녁에 아내와 치킨을 먹고 살이 많이 쪘다. 그때 내가 세운 목표는 5kg을 감량하는 것이었다. 그런데 5kg을 감량하는 것은 지금 당장 실천할 수 있는 목표가 아니다. 5kg을 줄이기 위해 '매일 아침 3km 달리기'를 진짜 목표로 잡았다. 5kg을 빼는 것은 상위목표이고, 3km 달리기는 상위목표 달성을 위한 하위 목표이다. 달리기뿐만 아니라 일주일에 3번 헬스를 하기로 했다. 헬스장에서 40분씩 운동하는 것 또한 5kg을 빼기 위한 하위목표다. 마라톤을 할 때 도착 지점을 생각하면 완주하기 힘들다. 너무 멀기 때문이다. 눈앞의 지점을 목표로 삼고 달려야 한다. 목표를 세우는 것만큼 중요한 것은 목적지에 도달하기 위한 하위목표를 설정하는 것이다.

목표와 함께 거룩한 행진을 시작하자. 인생을 정렬하자. 지금 당장 종이를 꺼내어 꿈 리스트부터 올해목표, 주간목표, 일일목표를 기록하자. 종이에 목표를 적는 순간부터 인생이 달라질 것이다.

9

성과가 나타나다

　인연은 우연에서 필연으로 이어진다. 공군 학사장교 동기이자 고등학교 동창인 친구가 있다. 고등학교를 졸업하고 공군 교육사령부에서 기본 군사훈련을 받는 도중 다시 만나게 되었다. 장교로 임관하여 한참을 못 만났다. 5년이 지난 어느 날 서로 대위 계급장을 달고 다시 만나게 되었다. 친구는 내가 근무하고 있는 부대에 출장을 왔다. 테이블에 둘러 앉아 커피 한 잔을 마시는데 책상 위에 놓인 바인더에 관심을 보였다. 20분간 바인더에 대하여 설명을 하였다. 바인더를 사용하게 된 계기와 사용법, 바인더를 통한 성과까지 간단하게 이야기해 주었다. 친구는 바인더에 대해 더 알려달라고 했다. 주말에 강의를 하기로 약속을 잡았다.

　바인더 강의는 3시간 동안 진행되었다. 3시간 동안 치열하고 쉼 없이 달려야 시간 안에 마칠 수 있었다. 바인더 강의가 마음에 들었는지 또 다른 친구를 소개시켜 줄 테니 꼭 강의를 해달라고 부탁을 했다. 친구의 간

곡한 부탁을 뿌리칠 수 없었다. 그 친구는 쌀국수 가게와 카페를 운영하고 있었다. 젊은 나이에 대구에서 유명한 음식점의 사장이었다. 이 친구는 자신이 신경 써야 하는 일이 너무 많아 바인더를 배우면 지금 하고 있는 일과 개인적인 삶 모두 관리할 수 있을 것이라고 기대하고 있었다. 바인더를 사용하기에 꼭 맞는 이유였다.

이 친구를 시작으로 친구의 지인, 지인의 지인 등 대구에서 음식점과 카페를 하는 젊은 사장들에게 바인더를 알려주게 되었다. 이들은 저마다의 고충이 있었다. 혼자서 매장을 관리하다 보니 해야 할 일들이 너무나 많았다. 명확한 시스템도 없었다. 무엇보다 성공하고 싶은 마음은 가득하나 성공을 위한 공부는 하지 않고 있었다. 나는 그들을 돕고 싶었다. 한 명 한 명에게 전화를 돌렸다. 우리 함께 젊은 경영자를 위한 독서모임을 해보지 않겠냐고 제안을 했다. 이미 한 차례 강의를 통해 독서의 중요성에 대해서는 모두 공감했던 사람들이었다. 이렇게 해서 8명이 모였다. SB^{Successful Business}모임의 첫 탄생이었다.

제각기 하는 일은 달랐다. 음식점, 카페, 치킨, 바리스타, 칵테일, 칼국수, 개발자, 그리고 군인. 각자 다른 분야에서 일하는 사람들이 한데 모여 한 달에 한 번 토론을 했다. 주제는 성공과 성장이었다. 그렇게 시작한 모임이 어느새 2년이 넘게 운영되고 있다. 모두에게 필요한 모임이었기에 매달 찾아오는 이 날을 손꼽아 기다린다. 성장과 성공에 목말랐기 때문이 아닐까 생각한다.

만약 내게 바인더라는 무기가 없었다면 이들을 한 자리에 모을 수 있었을까. 단순히 성공을 꿈꾸는 현직 군인이라면 내게 흥미를 보였을까. 그러나 내겐 나만의 무기가 있었다. 그 무기는 나 혼자만을 위한 것이 아니다. 다른 사람들을 도울 수 있는 무기다. 이 무기는 사용하면 할수록 능력이 커진다. 나눌수록 배가 되고 저절로 홍보가 된다.

나는 군대에서도 바인더 강사로 이름을 알리게 되었다. 일 년에 300명에게 바인더를 알렸다. 그중에 기억에 남는 카톡 메시지 몇 개가 있다.

"필승! 선배님, 바인더 강의를 들은 OOO 중위입니다. 바인더 강의를 듣고 너무나 감동했습니다. 저 또한 선배님처럼 저를 비롯해서 주변사람들에게 선한 영향력을 전파할 수 있는 사람이 될 수 있도록 하겠습니다. 감사합니다! 필승!"

"필승! 노 대위님, 저는 저희 실장님 때문에 어쩔 수 없이 바인더 강의를 듣게 되었습니다. 그런데 강의를 듣고서 이 강의는 제 인생의 Good Choice였다고 자신할 수 있습니다. 너무나 감사합니다. OOO 준위 올림"

이제 막 사회생활을 시작하는 중위나 정년퇴직을 앞둔 준위 모두에게 필요한 강의라는 것을 다시 한 번 깨달았다. 바인더 강의는 누구에게나 도움이 된다. 특히나 꿈을 이루고 싶은 사람이라면 바인더는 꿈을 이룰 수 있게 해주는 고속도로와 같다.

바인더를 통한 성과는 이런 거창한 것만 있는 것은 아니다. 당장은 업무를 잘하도록 만들어 준다. 〈Plan〉 챕터에는 주간목표와 일일목표가 있다. 이 두 가지 목표는 업무에서 탁월함을 발휘하게 해준다. 특히 주간으로 업무를 관리하는 시스템은 성과를 내는 데 있어 대단히 중요한 역할을 차지한다. 대개 업무를 일일단위로 관리한다. 이렇게 되면 정말 중요한 과제를 제대로 관리할 수 없는 단점이 있다. 왜냐하면 중요한 과제는 하루 만에 끝나지 않는 것이 대부분이다. 보고서 하나를 쓰더라도 며칠에 걸쳐 자료 수집을 하고 보고서 문구 하나하나를 몇 번이고 다듬는다. 이렇게 해야만 좋은 보고서가 나온다.

이를 제대로 할 수 있는 방법은 주간목표에서 '역산 계획(역산 스케줄링)'을 작성하는 것이다. 역산 계획은 목표 지점부터 역으로 계획을 하는 것이다. 예를 들어 A라는 보고서를 금요일에 보고해야 한다고 가정해보자. 이럴 경우에는 수요일부터 목요일까지는 보고서를 작성하고, 월요일부터 수요일 오전까지는 자료를 수집하는 계획을 수립한다. 역산 계획을 습관화하게 되면 일을 허겁지겁 하지 않게 된다. 일에 여유가 생긴다. 어떤 업무 지시를 받더라도 남들보다 앞서 나갈 수 있게 된다.

〈Pro〉 챕터 또한 큰 역할을 담당한다. 한 번은 이런 일이 있었다. 우리 부대의 지휘관이 전화로 나를 불렀다. 잠깐 사무실로 오라고 하였다. 무슨 영문인지도 모르고 바인더 하나만 들고 지휘관 사무실로 갔다. 그랬더니 공군에서 진행하고 있는 '청정공군 캠페인'의 주요내용을 크게 인쇄하여 출입구마다 붙이라고 하였다. 내마침 캠페인 관련 자료를 바인더에 넣고 다녔는데 나는 바로 캠페인 관련 자료를 펼쳐 보였다.

"이거 말씀이시죠?"

"맞아, 그 부분 중에서 여기 이 부분을 인쇄하자고."

"네, 알겠습니다!"

아마도 많은 사람들이 이런 경우에 두 번 일을 하게 된다. 먼저 자신의 사무실로 돌아가 해당 자료를 확인한 후 다시 지휘관에게 가서 보고 할 것이다. 지시한 내용과 내가 이해한 것이 맞는지 재차 물어봐야 했을 것이다. 나는 항상 업무와 관련된 주요 자료를 〈Pro〉 챕터에 넣고 다녔기 때문에 언제 어디서든 일을 할 수 있는 준비가 되어 있었다. 전문가는 모든 내용을 외우든지 혹은 필요한 자료를 즉시 제시할 수 있는 사람이 아닐까 생각한다. 누구나 전문가가 될 수 있다. 바인더에 자료를 넣기만 하면 된다. 아주 쉬운 방법인데 대부분의 사람들이 하지 않는 일이다. 조금만 노력하면 뛰어난 사람으로 사람들이 인식하게 될 것이다.

바인더를 통한 성과는 단순히 업무를 잘하는 것에 그치지 않는다. 꿈을 이루게 한다. 나는 미국에 있는 세계 3대 요리학교인 CIA^{Culinary Institute of} America를 가고 싶었지만 학비가 너무 비싸 엄두를 못 내고 있었다. 그렇지만 꿈을 포기할 수는 없었기 때문에 꿈 리스트에 항상 CIA를 적어 두고 있었다. 정말 신기한 일은 이때부터 생기기 시작했다. 20년 전에 미국으로 이민을 간 고모네 가족은 너무 오래 전에 이민을 간 터라 연락이 두절되었는데 2015년에 SNS 덕택에 우연히 고모네 가족을 찾게 되었다. 고모네 가족의 초대로 큰아버지 가족과 함께 미국을 가게 되었다.

미국에서 만난 고모네 가족과 이야기를 하다가 고모부가 CIA를 졸업했다는 사실을 알게 되었다. CIA를 너무나 꿈에 그리던 나로서는 반갑기 그지없었다. 그렇게 고모부와 함께 CIA를 방문했다. 비록 CIA에 학생으로 간 것은 아니지만 25년 전에 CIA를 졸업한 사람과 CIA 교정을 거닐었다. 고모부와 나의 꿈 이야기를 나누었다. 오너 셰프가 되고 싶어 CIA를 가고 싶다고 하였다. 고모부는 오너 셰프는 요리를 할 줄 알아야 하지만 요리만 전문으로 배울 필요는 없다고 하였다. 전문 요리사가 아니라 사업가의 길을 가려면 요리보다 오히려 다른 것들이 더 중요할 수 있다고 알려주었다. 만약 CIA를 꿈 리스트에서 지워버렸다면 이런 기회가 없었을지도 모른다. 비현실적인 꿈이라도 종이에 적었고, 종이에 쓰고 가지고 다닌 덕분에 꿈을 잃어버리지 않았다. 방법은 다르지만 꿈을 실현한 것이다.

바인더는 나를 빛나게 하기도 한다. 아내와 결혼을 하고 호주로 신혼여행을 갔다. 호주에는 아내의 외삼촌 가족이 살고 있다. 외삼촌은 세차장으로 사업을 시작해 지금은 물류업과 열댓 개의 카페와 두 개의 베이커리 공장을 가진 사업가이다. 외삼촌과 함께 호주 비즈니스 여행을 했다. 외삼촌은 줄곧 바인더를 들고 다니는 내게 관심을 보였다. 나는 잠깐 틈을 내어 바인더에 대해 소개했다. 그리고 나의 꿈도 전했다. 전역을 하게 되면 사업가로 성장하고 싶다고 말했다.

호주에서 처음 본 아내의 외삼촌은 내게 뜻밖의 제안을 했다. 전역을 하게 되면 자신과 함께 같이 사업을 하면 좋겠다고 하였다. 조카의 남편이라고 응당 하는 제안이 아니었다. 사업은 냉정하고 믿을 수 있는 사람과 함께해야 한다. 아마도 바인더를 통해 나의 삶과 업무를 잘 관리하고 있는 모습에 신뢰를 가졌으리라 생각한다.

앞으로의 인생에 또 어떤 기회가 찾아올지 기대가 된다. 바인더를 통해 지금까지 얻은 성과들은 선물과도 같다. 내가 한 것이라고는 메모하고 기록하는 습관을 들였던 것뿐인데 인생이 혁신적으로 바뀌었다. 바인더를 쓰기 전과 후는 완전히 다른 인생이 되었다.

벌써 2년째 젊은 사장들과 독서모임을 이어가고 있다. 바인더를 통해 누군가의 삶을 완전히 새롭게 바꾸어 놓을 수도 있다. 업무에서 성과가 나타나고 전문가로 인정받는 것은 기본이다. 이루어지지 않을 것만 같은 꿈을 이루어주기도 한다. 종종 스카우트 제의도 받는다.

누구나 인생을 바꿀 수 있다. 바인더를 통해 평범한 인생이 특별해질 수 있다. 기록의 힘은 놀랍도록 크다.

바인더 만드는 법

준비물
1. 바인더(5,000원)
2. 바인더 커버(8,500원)
3. 펀치기(60,000원)
4. 칼, 자, 컷팅매트

구입처
1. 바인더 및 바인더 커버
   : www.3pbinder.com
2. 펀치기(Carl SP-30N)

1. 바인더 섹션 구분
바인더 포장지를 뜯으면
안쪽에 4개의 인덱스가 있다.
각각의 인덱스에 위에서 부터 차례로
1. Pro
2. Plan
3. Project
4. Post it 이라고 쓴다.

2. 바인더 속지 준비
자신이 필요한 바인더 속지를
준비하여 A4용지에 2쪽 모아찍기로
인쇄한다.
그리고 가운데를 칼과 자를 이용하여
자른다.

3. 구멍 뚫기
펀치기를 이용하여 반으로
자른 종이의 한 쪽면에 구멍을 뚫는다.

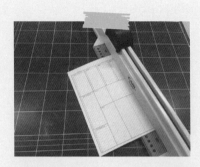

4. 속지, 바인더에 넣기
펀칭한 속지를 바인더의 원하는
섹션에 넣는다.

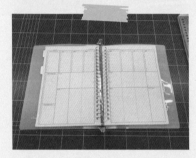

5. 바인더 커버 씌우기
바인더 커버의 포장을 벗긴다.
바인더를 바인더 커버에 잘 넣는다.

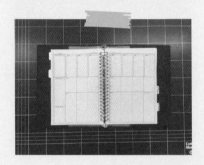

Part 3

성장을 위한
핵심도구
'독서'

BOOK

1

다른 삶을 경험하다

책을 읽어야 한다. 그저 형식적으로 하는 말이 아니다. 책을 읽어야 성장한다. 책을 읽지 않던 사람이 책을 읽기 시작할 때는 재미가 없다. 한 권, 두 권, 읽은 책이 쌓이고 내공이 붙으면 점점 책 읽기가 재미있어진다. 성공한 사람 누구든 책을 읽었고 독서를 강조한다. 성공한 사람들은 무척이나 바쁜 일상에서도 굳이 시간을 내어 책을 손에 들었다. 그 이유는 무엇일까.

나는 중학교 2학년 겨울방학 때 처음 담배를 배웠다. 처음으로 가슴 속 깊이 빨아들인 담배 한 모금은 구역질을 불러일으켰다. 토할 것만 같은 몹시 고통스런 기분이었다. 몇 번을 펴도 별로 달라지지 않았다. 그럼에도 불구하고 고등학교 2학년 겨울방학까지 3년간 담배를 태웠다. 멋이었다. 멋 하나면 그만이었다. 남들과 다른 삶을 사는 것이 좋았다. 나는 대구에서 학군의 중심지 수성구에 있는 인문계 고등학교인 경북고등학교를 다녔다. 친구들은 공부를 할 때 나는 건물 뒤편에 숨어 몰래 담배를 피우는 멋진 녀석이었다. 이런 학생이 무슨 책을 읽겠는가.

재수와 삼수 시절에도 책을 읽지 않았다. 읽을 여유도 없었고 읽어야 하는 이유도 없었다. 오로지 수능에만 매달렸다. 삼수를 할 때 내게 도움을 준 승혜라는 친구가 있다. 나의 앞자리에 앉아 공부를 했기 때문에 모르는 것이 있으면 자주 도움을 구했다. 공부를 잘 하고, 조리 있게 말도 잘했다. 말을 어쩜 저렇게도 잘 하는지 물어보니 어렸을 때부터 책을 엄청나게 많이 읽었다고 했다.

생각해보니 어렸을 때부터 말을 잘하는 친구들은 책을 많이 읽은 것 같았다. 그럼에도 불구하고 나는 책을 손에 들지는 않았다. 그리고 딱히 무슨 책을 읽어야 할지도 몰랐다. 필요를 느끼지 못 했다는 것이 더 정확한 말일 테다.

대학생이 되고 처음으로 책을 읽게 되었다. 같은 과에 축구선수 김남일을 꼭 닮은 형이 있었다. 그의 손에는 항상 책이 들려 있었다. 수업 중간 중간 쉬는 시간에도 책을 읽었다. 그런 형이 멋있어 보였다. 그때부터였던가, 나도 책을 들고 다니기 시작했다. 쉬는 시간이나 공강 시간에 틈틈이 책을 읽었다. 주로 일본 작가들의 책을 읽었다. 당시 인기가 있었던 오쿠다 히데오의 책은 재미있기도 하면서 빨리 읽을 수 있어 쉽게 접근할 수 있었다. 《공중그네》를 시작으로 《남쪽으로 튀어》, 《인더풀》을 읽었다. 무라카미 하루키의 책은 오쿠다 히데오와는 또 다른 매력이 있었다. 《노르웨이의 숲》과 《해변의 카프카》를 재미있게 읽었다. 몽환적인 분위기를 저변에 깔고 뒤에 이어질 이야기가 궁금하게끔 살살 간질인다. 실감나는 묘사를 곁들인 야한 장면도 있어 책 읽기가 더욱 재밌었다. 베르나르 베르베르의 《개미》 시리즈와 《인간》, 《신》과 같은 소설도 좋아했다. 《다빈치 코드》를 쓴 댄 브라운의 《천사와 악마》, 《다빈치 코드》를 마음 졸이며 읽은 기억이 난다.

왠지 책을 들고 있으면 내가 남들과 다른 사람이 된 기분이 들었다. 같은 과에 있던 많은 사람들이 책을 읽지 않았다. 그들과 달리 책 읽는 나의 모습이 멋져보였다. 대학교 4학년, 모두가 도서관에서 임용고시 공부를 하던 그때도 책을 읽었다. 《파이 이야기》는 이때 알게 되었다. 몇 년 뒤 영화로 개봉되기도 했는데, 주인공 파이가 호랑이와 난파선을 타고 표류하는 내용이다. 도서관 한가운데서 책을 읽고 있으면 주변에서 신기한 듯 쳐다보았다. 은근히 이런 시선을 즐겼다. '책 읽는 남자'가 되었으니 말이다.

대학생 때는 주로 소설을 읽었다. 자기계발 서적도 가끔 손에 들곤 하였지만 크게 흥미는 없었다. 너무 뻔한 이야기를 하는 것 같았다. 방법 또한 나와는 맞지 않는 것 같았다. 《아침형 인간》, 《3시간 수면법》, 《시크릿》과 같은 책들 모두 허황된 말을 하는 것 같았다. 어찌되었건 대학을 다니면서 책과 친해졌다.

책으로 인생을 바꿀 수 있다는 경험은 군대에 와서 시작되었다. 대위로 진급한 당시 능력이 부족함을 느끼고 자기계발을 위해 셀프리더십 과정에 갔을 때였다. 강의를 진행한 강규형 대표는 강의 마지막 부분에서 '독서경영'을 무척이나 강조했다. 강규형 대표는 그의 첫 직장이자 퓨마 브랜드 본부장까지 지낸 이랜드의 독서 문화를 소개했다. 이랜드는 자체적으로 필독서를 500권이나 지정해 놓았으며, 과장으로 진급하려면 300권의 책을 반드시 읽어야 한다고 하였다. 《주식회사 장성군》이라는 책으로 유명해진 장성군의 이야기도 소개했다. 매주 특급 강사를 초빙해 교육을 진행하였고, 이를 통해 군청 직원들을 변화시킨 이야기였다. 이뿐만 아니라 〈준오 아카데미〉로 유명한 '준오 헤어' 또한 교육을 통하여 우리나라 최고의 미용 프랜차이즈 회사가 되었다. 세상을 바꾸는 것은 사람이고 사람을 변화 시키는 것은 교육이라는 말이 있듯, 교육의 가장 으뜸은 독서라고 주장했다.

그리고 책을 읽을 때 중요한 방법 몇 가지를 알려주었다. 첫째는 줄 치고 메모하며 읽는 것이다. 책에 자신의 생각과 느낌, 흔적을 남겨야 당시에 떠오른 생각과 아이디어가 남는다고 했다. 둘째는 책을 읽은 뒤 정리하는 것이다. 이때 방법이 '본깨적'으로 정리하는 것이다. '본깨적'은 본것, 깨달은 것, 적용할 것의 앞 글자를 따서 만든 단어이다. 책을 읽고 나서 본 것과 깨달은 것을 정리하고, 적용할 것은 실천을 해야 인생이 달라진다. 셋째는 나누기다. 나누기는 독서모임에서 다른 사람들과 읽은 책을 토론하는 것을 말한다. 이는 내가 보지 못한 다른 관점의 아이디어를 얻는 데 아주 큰 도움이 된다고 하였다.

강의를 듣고 나서 얼마 후 《본깨적》을 사서 읽었다. 저자는 안경사로 근무하다가 가장 친한 친구에게 사기를 당하고 자살을 결심했다. 절망이 극에 달하던 때 《10미터만 더 뛰어봐》라는 책을 읽고 삶에 희망을 얻었다고 했다. 그때부터 책을 읽기 시작해 지금은 '본깨적 연구소'를 설립하여 사람들에게 독서를 전파하는 유명한 강사가 되었다.

《본깨적》을 읽고는 저자가 진행하는 강의를 신청하고 서울로 올라갔다. 저자는 '본깨적 독서법'이 다산 정약용의 3서 독서법과 같다고 했다. 3서 독서법은 초서, 질서, 그리고 행서 독서법이다. 첫 번째인 초서는 기록하면서 읽는 독서법인데, 책의 핵심을 적는 것이라고 했다. 이것이 바로 '본 것'이다. 두 번째는 질서로, 읽으면서 생각하고 질문하는 독서법이며, 이는 '깨달은 것'이다. 마지막으로 행서는 책에서 읽은 것을 반드시 생활에 실천하는 독서법이다. 이는 책에서 우리 삶에 '적용할 것'을 찾고 실행하는 독서이다. 그리고 강의 중에 《청소력》이라는 책을 통해 '본깨적 독서법'을 실습하는 시간을 가졌다.

'본깨적 독서법'은 신선한 충격이었다. 책을 읽는 방법이 있고 이러한 방법을 옛 선조부터 해왔다는 것이 놀라웠다. 책을 읽는 방법이라고 하면 흔히들 속독을 먼저 생각한다. 나도 속독 외에는 책을 읽는 방법이 따로 있으리라고는 생각하지 못했다. 본깨적 독서법을 알고 난 후부터 책 읽는 능력이 달라지기 시작했다. 그 전에는 재미를 위한 독서를 했다면 강의를 듣고 난 후에는 성장을 위한 독서를 하였다. 독서를 통해 삶이 달라질 수 있다는 것을 느꼈다.

성장을 위한 독서를 위해서는 세 가지를 해야 한다. 먼저 책을 읽어야 한다. 읽지 않으면 삶에 실천할 아이디어도 떠오르지 않는다. 책을 읽는 중에는 많은 생각이 떠오르게 된다. 노력하지 않아도 우리 뇌는 자연스럽게 생각을 하기 시작한다. 무수한 아이디어도 생겨난다. 이때 떠오른 생각을 잡아야 한다. 그래서 두 번째로 메모해야 한다. 책의 여백에 독서를 하며 떠오른 생각과 아이디어를 적어 두어야 한다. 마지막으로 적어 둔 아이디어를 삶에 실천해야 한다. 이것이 가장 중요하다. 실천하지 않으면 책 한 권 읽는 10시간이 온전한 시간낭비가 될 수도 있다.

종교인들을 욕하는 경우를 종종 목격한다. 주말이면 절이나 교회, 성당에 가서 좋은 이야기를 듣고 온다. 그 이야기는 주로 서로 사랑하고 자비를 베풀며 희생하라는 이야기들이다. 그런데 그들의 삶을 들여다보면 욕심과 미움과 시기로 가득 차 있다.

이들을 바라보는 비종교인의 시선은 따갑다. '저렇게 행동할 거면서 종교는 왜 믿는 거야?' 왜 이런 일이 발생할까? 아마도 법문이나 설교로 들은 이야기를 자신의 삶에 하나도 투영시키지 않기 때문 아닐까. 성경이나 법문에 적힌 말씀과 진리를 삶에 실천하지 않은들 그 좋은 말이 무슨 소용일까.

독서도 마찬가지다. 책을 읽고 삶에 적용하지 않으면 아무 소용이 없다. 반대로 책을 읽고 삶에 적용한다면 대단히 큰 변화를 맛보게 된다. 나의 인생을 드라마틱하게 바꾼 두 가지 중에 하나는 앞서 말한 바인더였다. 또 다른 하나는 바로 독서이다. 독서가 없었다면 인생에 탈출구가 보이지 않았을 것이다. 단, 그냥 책을 읽은 것이 아니다. 책을 읽고 그것을 삶에 적용하면서 인생이 바뀌기 시작하였다.

책을 읽자. 그리고 하나라도 자신의 삶에 적용해보자. 한 권씩 책을 읽고 하나씩 삶에 적용하다 보면 또 다른 삶을 맞이하게 될 것이다. 욕심은 내지 말자. 일주일에 한 권씩만 읽자. 그리고 그중에 단 한 가지만이라도 삶에 적용하면 된다. 중요한 것은 실천이다. 얼마나 책을 많이 읽었느냐보다 실천이 중요하다.

2

책 읽는 데도 방법이 있다 : 읽고, 쓰고, 적용하는 책 읽기

책 읽는 데도 방법이 있다. 이른바 RWA 책 읽기다. 읽고Read, 쓰고 Write, 적용Apply하는 책 읽기이다. 책 읽는 방법을 설명하기 전에 책을 읽어야 하는 이유부터 말하고 싶다. 나 또한 지극히 책을 읽지 않는 사람이었기에 책을 읽어야 할 이유가 없었다. 책을 읽을 동기가 전혀 없으니 손이 가지 않는 것이 당연했다. 책보다 세상에 얼마나 재미있는 것이 많은데, 많은 시간을 들여야 하는 책 읽기가 시간낭비처럼 느껴졌다.

대학교를 다니면서 책을 읽기 시작했으니 10년이 되었다. 책을 제대로 읽기 시작한 것은 3년이 지났다. 예전과 달리 지금의 내게 책이라는 존재는 매우 특별하다. 나의 삶과 책은 뗄 수 없는 사이가 되었다. 책을 며칠만 읽지 않아도 불안하다. 외국에 여행갈 때는 캐리어에 10권씩 넣고 다닌다. 모두 다 읽을 수 없는 것을 알지만 책이 있어야 마음이 든든하다.

군이 시간을 내서 책을 읽어야 하는 이유가 있다. 첫 번째는 책을 읽고 생각할 때 아이디어가 가장 많이 떠오른다. TV를 볼 때 어떤 생각이 꼬리에 꼬리를 물고 이어질 때가 있는가, 게임을 할 때 아이디어가 떠오르는가, 심지어 여행을 가도 생각을 하기보다는 그저 감탄사로 끝날 때가 많다. 어떤 책이든 책을 읽는 시간에 아이디어가 샘솟듯 생겨난다. 두 번째이유는 전문가에게 배울 수 있기 때문이다. 어떤 분야의 최고 전문가를만나는 것이 어디 쉬운 일인가. 그렇지만 전문가들이 쓴 책은 언제 어디서건 저렴한 가격으로 만날 수 있다. 그들이 공들여 쓴 책으로 최고의 지식을 습득할 수 있다. 세 번째는 재미가 있다. 소설을 영화로 만든《마션》을 본 적이 있다. 책을 워낙 재미있게 보았던 터라 영화는 어떨지 무척이나 기대가 되었다. 영화평도 꽤나 좋았기에 기대가 컸다. 그런데 영화관에서 봤던 〈마션〉은 책에서 설명한 주인공의 생각과 감정에 대한 섬세한묘사가 매우 부족했다. 아쉬움이 컸다. 이처럼 책은 시각적 매체에서 느낄 수 없는 매력이 있다. 책만이 할 수 있는 일이다.

책 읽기의 첫 번째 방법은 '읽는 것Read'이다. 우선 읽어야 한다. 평소에 책을 전혀 접하지 않는 사람들은 독서에 대한 부담감이 있을 것이다. 막상 책 읽기를 결심한다고 해도 어떤 책을 읽어야 할지 막막하다. 내게는 책을 고르는 기준이 있다. 아주 간단하다. 먼저 서점이나 집에 있는어떤 책이든 흥미 있게 보이는 책을 고른다. 다음으로 머리말을 펼쳐 읽어본다. 머리말은 아무리 길어도 10장을 넘기지 않으니 금방 읽을 수 있다. 머리말을 읽고도 여전히 흥미롭다면 처음부터 읽는다. 그렇지 않으면 다른 책을 고른다.

책을 읽다가 점점 흥미를 잃어간다면 그때부터는 책의 소제목 또는 첫 문장만 읽고 다음 페이지로 넘어간다. 그렇게 빠른 속도로 책을 끝까지 넘기면 한 권을 다 읽은 것으로 간주한다. 모든 페이지를 정독하려는 것은 과욕이다. 그럴 필요도 없고 가치도 없다. 그것은 책을 재미없게 쓴 작가의 탓이지 내 탓이 아니다. 재미없는 책을 읽는 것만큼 괴로운 것도 없다. 재미있는 책만 읽으면 된다. 가벼운 마음으로 독서를 시작하자.

두 번째 방법은 '쓰는 것Write'이다. 책을 읽으며 발견한 좋은 문장 아래에는 펜으로 줄을 긋는다. 책을 신주단지처럼 모시는 사람들이 있다. 중고서점에 되팔 생각을 하는 것이다. 좋은 책은 다시 읽고 싶은 책이다. 단 한 문장이라도 내게 영감을 주는 책이라면 그 자체로 좋은 책이다. 따라서 중고서점에 되팔 생각을 하지 말고 마음껏 줄치며 읽는 독서를 강력 추천한다.

줄을 긋는 것에는 그럴 만한 이유가 있다. 마음에 와닿는 문장이라든지, 새로운 시각과 아이디어를 던져주는 구절을 만났다든지, 나의 삶에 적용해보고 싶은 내용이 될 것이다. 이때 떠오른 생각과 아이디어를 여백에 기록한다. 이것은 굉장히 중요하다. 대부분의 사람들은 책을 읽으며 떠오른 생각과 아이디어를 흘려보낸다. 한 번 흘려보낸 생각은 다시 떠오르지 않는다. 책을 읽을 때는 항상 펜을 곁에 두고 읽어야 한다. 그래야 언제든 밑줄을 긋고 아이디어를 메모할 수 있다.

메모는 책 여백에 하면 좋다. 따로 종이를 가져와 적는 것은 번거롭고 종이를 잃어버릴 우려도 크다. 그리고 내 삶에 적용해볼 만한 아이디어는 책 귀퉁이를 접어둔다. 포스트잇을 붙여두는 것도 방법이다. 책을 다 읽고 난 뒤 찾아보기 쉽게 표시를 하는 것이다. 이것이 쓰면서 읽는 독서다.

책 읽기의 마지막 방법은 '적용하는 책 읽기Apply'다.
"책을 읽어도 제 삶은 하나도 달라지지 않아요."
"책 읽기는 시간낭비에요."
책 읽기를 부정하는 사람들이 하는 말이다.
"맞습니다. 지금처럼 책을 읽으면 하나도 달라지지 않아요."
책은 읽고 적용해야 효용 가치가 있다. 책을 읽기만 하면 삶이 바뀌지 않는다. 책을 읽고 적용해야 삶이 달라진다. 《본깨적》을 읽고 저자의 독서 강의를 들을 때 무척이나 강조한 내용이 있다. 아예 구호처럼 만들어 입에 붙도록 가르쳤다. 그때 배운 구호가 바로 'One book, one action!'이다. 책 한 권을 읽었으면 그중 단 하나만이라도 실천할 것을 강조하였다.
독서로 삶을 바꾸는 방법은 딱 한 가지 밖에 없다. 삶에 적용하는 것이다. 아무리 좋은 내용이라도 실천하지 않으면 의미가 없다. 시간 낭비이거나 자기위로일 뿐이다. 자기계발서뿐만 아니라 소설이나 인문학, 철학 책도 마찬가지다. 정 실천할 내용이 없다면 마인드라도 바꿔야 한다.
《미라클 모닝할 엘로드 저》에 아래와 같은 구절이 나온다.

결론부터 말하자면, 아침에 일어났을 때의 컨디션은 수면의 양보다는 일어났을 때 컨디션이 어떨 것이라고 스스로에게 한 '암시'에 더 큰 영향을 받았다.

수면 시간이 중요한 것이 아니라 생각으로 인해 기상했을 때의 컨디션이 좌우된다는 말인데, 나에겐 충격이었다. 책을 읽고 난 뒤로 '나는 내일 아침 5시에 너무나도 상쾌히 일어난다.'고 스스로 주문을 외우고 잠이 들었다. 결과는 어땠을까. 깜짝 놀랄 정도로 아침이 상쾌했다. 몸이 피곤한 날은 더더욱 힘주어 스스로에게 암시를 걸었다.

전 세계적인 베스트셀러인 《부자 아빠, 가난한 아빠》를 읽고 수많은 사람들이 부자가 되었을까. 그 유명한 카네기의 《인간관계론》을 읽은 모든 사람들이 인간관계의 달인이 되었을까. 자기계발의 대가인 브라이언 트레이시가 쓴 《백만불짜리 습관》을 읽고 얼마나 많은 사람들의 삶이 달라졌을까. 혜민 스님의 《멈추면, 비로소 보이는 것들》을 읽고 부처와 같은 평온한 마음을 얻었을까. 전 세계에서 가장 많이 팔린 책이라는 《성경》을 읽은 사람들의 삶은 어떨까, 사랑으로 가득한 삶을 살고 있을까. 대부분의 사람들이 책과는 반대의 삶을 산다. 왜 그럴까. 책에 나온 이야기를 실천하지 않기 때문이다.

《김밥 파는 CEO》에서 김승호 회장은 다음과 같은 말을 했다.

열망의 정도가 성공의 척도다. 따라서 강한 열망은 더욱더 확실한 성취를 약속한다. 나는 여러분들의 열망이 합리적이고 이성적인 것이라면 그것을 이룰 수 있는 간단한 물리적 공식을 알려줄 수 있다. (중략) '원하는 것을 소리 내어 하루에 100번씩 100일 동안 내뱉는 것'이다.

미신 같은 이야기다. 이 책을 읽을 때 나는 미국에 있었다. 그런데 그때 내게는 꼭 이루고 싶은 목표가 하나 있었다. LA에 있는 레스토랑 바루에서 무급 인턴으로 일하는 것이었다. 책을 읽고 바로 이 목표를 소리 내어 읽고 녹음을 했다. 그리고 녹음한 나의 목소리를 운전할 때나 운동할 때 계속 틀어두었다. 그리고 따라서 말했다. 하루에 1,000번은 말했다. 너무나 이루고 싶은 목표였기 때문에 미신 같은 이야기를 계속 실천해 보았다. 믿거나 말거나였다. 안된다고 해도 손해 보는 일은 아니었다. 그런데 놀랍게도 LA에 가게 되었다. 우연의 일치였을까, 아니면 노력의 결과였을까.

실천하면 삶이 달라진다. 실천하려면 아이디어가 있어야 한다. 아이디어는 책 속에 가득 묻혀있다. 책에서 아이디어를 캐기만 하면 된다. 우선 책을 읽고Read, 책을 읽으며 떠오른 생각과 아이디어를 책의 여백에 기록하자Write. 그리고 단 하나라도 실천해 보자Apply. 삶을 바꾸는 방법은 이처럼 간단한 것에서 출발한다. 대단한 비법이 있는 것 같지만 모두가 알고 있는 방법이다. 누구나 삶을 바꿀 수 있지만 누구나 하지 않는다. 누구나 할 수 있지만 아무나 실천하지 않는다. 결국은 실행에 답이 있다.

성공한 사람들의 공통점이 있다. 성공한 사람들은 끊임없이 책을 읽는다. 책을 읽으며 떠오르는 아이디어를 실행에 옮긴다. 분명 실패도 있었으리라. 그러나 그들은 절망하지 않고 계속해서 실천하고 도전한다. 아이디어를 실천에 옮기지 않았다면 결코 그들의 성공은 없었을 것이다.

Read, Write, Apply!

One book, One action!

세상에는 배울 것이 무궁무진하다.

3

LAPIRA 본질적 독서법

활연관통(豁然貫通) ; 트일 활, 그럴 연, 꿸 관, 통달할 통
환하게 통하여 도를 깨닫는다

어느 날 활연관통을 한 적이 있다. 아침형 인간이 되고 싶은데 아무리 노력해도 잘 되지가 않았다. 새벽에 일어나 생산적인 시간을 사용하고 싶었다. 목표는 5시에 일어나는 것이었다. 거의 2년간 도전하고 실패하고 도전하고 실패하는 날들이 계속되었다. 어느 날 그 이치를 깨닫게 되는 놀라운 경험을 했다. 새벽에 상쾌히 일어나는 것은 당연히 따라오는 결과였다.

계기는 《아침형 인간》으로부터 시작되었다. 《아침형 인간》에서 수면 시간보다 잠드는 시간이 중요하다고 했다. 밤 12시에 자서 아침 6시에 일어나는 6시간의 수면과 저녁 10시에 잠들어 새벽 4시에 일어나는 6시간

의 수면은 하늘과 땅 차이만큼 질이 다르다고 했다. 똑같은 6시간의 수면이지만 몸의 피로가 회복되는 정도는 큰 차이가 있다고 했다.

《미라클 모닝》에서는 잠들기 전에 스스로에게 하는 암시가 아침에 일어났을 때의 컨디션을 좌우한다고 했다. '자기 확언'이 수면에 영향을 미친다는 것이었다. 《효소 식생활로 장이 살아난다 면역력이 높아진다》는 책에서는 효소의 역할에 대해 알게 되었다. 효소는 두 가지 작용을 하는데, 몸을 회복시켜주는 대사에 관여하거나 음식물을 소화시키는 역할을 한다. 그런데 저녁에 음식을 많이 먹으면 소화를 시키는 데 모든 효소를 써버린다. 그래서 몸을 회복하는 데 쓰이지 못해 다음 날이 피곤하다고 했다. 《운동 미니멀리즘》에서는 적당한 양의 운동을 해야 숙면을 취하고 몸도 개운하다는 것을 배웠다. 《생각의 비밀》의 저자 김승호 회장은 하루에 6시를 두 번 만나지 않는 사람은 성공하지 못 한다고 강조했다.

어느 날 그동안 읽었던 이 모든 책들이 하나로 연결되었다. 아침형 인간이 되지 못한 이유를 비로소 알게 되었다. 원리를 이해하고 실천하니 어렵지 않게 아침형 인간이 되었다. 이제 매일 5시면 잠자리에서 일어나 생산적인 아침을 보낼 수 있게 되었다. 놀라운 체험이었다.

LAPIRA 본질적 독서법도 활연관통으로 떠오른 독서법이다. 한동안 독서법에 관한 책들을 집중해 읽었다. 주변에서 바인더뿐만 아니라 독서에 대해 알려달라는 사람들이 제법 생겨났다. 독서를 하고 싶은데 책 읽는 방법을 모르는 사람들이 생각보다 많았다. 나 또한 제대로 책 읽는 법에 대한 갈망이 있었다. 나름 책을 잘 읽고 있다고 생각했기 때문에 점검

차원에서라도 독서법에 대해 공부해 보고 싶었다.

속독하는 방법에서부터 책으로 인생을 바꾼 이야기, 독서천재 시리즈, 인문학 독서법 등 서점에 있는 책들은 다 읽어버린다는 기세로 공부를 했다. 본 것, 깨달은 것, 적용할 것을 통한 '실천 독서'를 알려 준《본깨적》을 처음부터 다시 읽으며 독서 공부를 시작했다. 이지성 작가가 쓴 독서를 통한 삶의 변화를 알려주는《독서천재가 된 홍대리》, 인문학 독서의 중요성을 강조하는《리딩으로 리드하라》는 책을 읽고 싶은 강한 열망을 불러 일으켰다. 3P자기경영연구소의 강규형 대표가 쓴 책인《독서천재가 된 홍팀장》과《대한민국 독서혁명》또한 책을 통해 삶을 변화시키는 방법들이 잘 나와 있다.《군대를 최고의 대학으로 만들다》에서는 장재훈 작가가 군대에서 독서로 인생을 바꾼 주옥같은 이야기가 담겨 있었다. 모티머 애들러의《생각을 넓혀주는 독서법》은 독서법의 고전과 같은 책으로 복잡할 것만 같은 독서 기술을 쉽게 정리하고 분석하였다. 목회자인 백금산 작가가 쓴《책 읽는 방법을 바꾸면 인생이 바뀐다》는 모티머 애들러의 독서법을 한국인에게 가장 잘 설명한 책이다. 이 외에도《독서의 신》,《어떻게 읽을 것인가》,《정민 선생님이 들려주는 고전 독서법》등을 내리 읽었다.

책 읽기 초심자에게 어떻게 하면 쉽게 독서법을 알려줄 수 있을까 고민을 했다. 책마다 방법이 조금씩 상이했고, 독서법에 관한 책들은 분량을 채우기 위해서인지 방법이 생각보다 복잡했다. 나의 목적은 쉽고 간단하며 누구나 책을 잘 읽을 수 있는 독서법을 알아내는 것이었다.

그렇게 고민하길 한참의 시간이 흘렀다. 어느 날 갑자기 아주 간단하고 쉬운 독서법이 생각났다. 몇 가지 순서만 알면 누구나 쉽게 할 수 있는 독서법이었다. 그것이 바로 'LAPIRA 본질적 독서법'이다. LAPIRA 본질적 독서법은 내가 이름을 붙였지만 완전히 새로운 독서법이 아니다. iPhone이 기존의 전화기와 MP3를 하나의 기기에 녹여놓은 것과 같이 기존에 있던 독서법들을 자르고 붙인 것이다. 혁신은 이렇게 일어난다. 기존의 불편한 것들을 개선하고 필요한 것만 뽑아내어 하나의 작품을 만든 것이다.

LAPIRA 본질적 독서법의 'LAPIRA'는 각각 영어단어 첫 글자를 따서 만든 것이다. 줄 긋기(Line), 질문하기(Ask), 펜독서(Pen), 인덱스(In-dex), 다시 읽기(Review), 적용하기(Apply)의 6단계. '본질적'은 각각의 단계마다 본질이 있다. 본질은 '왜' 라는 의문에 대한 답이다. 왜 줄을 그거야 하지? 왜 질문을 해야 하지? 왜 펜독서를 해야 하지? 마냥 시키는대로 해서는 안 된다. 이유를 스스로 깨닫고 실천해야 한다.

LAPIRA 본질적 독서법은 3단계로 진행된다. 먼저 책 읽기 전에 해야 할 일이 있고, 책을 읽는 중에 할 일, 그리고 책을 읽고 나서 할 일이 있다. 각각의 단계마다 2개씩의 하위 단계가 있는데 그것이 바로 LAPIRA이다.

먼저, 책 읽기 전(Before reading) 단계이다. 제일 먼저 '줄 긋기'다. 책의 옆면에 2.5cm 간격으로 줄을 긋는다. 이렇게 줄을 긋는 이유는 책을 읽으며 인덱스를 붙일 것이기 때문이다. 나의 모든 책에는 이런 표시가되어 있다. 처음에는 줄긋기가 어색할지 모르지만, 나중에는 책 옆면에 줄을 긋지 않으면 책을 읽고 싶지 않을지도 모른다.

두 번째는 '질문하기'다. 책을 본격적으로 읽기 전에 앞, 뒤표지와 목차, 들어가는 글^{프롤로그}과 마치는 글^{에필로그}을 읽는다. 그리고 질문을 한다. '이 책을 통해서 얻고 싶은 것은 무엇인가?' 질문을 하는 본질은 목적 있는 독서를 하기 위해서이다. 질문을 하지 않고 책을 읽으면 저자가 이야기하는 방식으로 끌려가게 되어 있다. 비판적인 독서를 하기 힘들고 책을 다 읽고 나면 책이 무슨 이야기를 하는지 알지 못한다. 반면 질문을 하게 되면 목적 있는 독서를 하게 된다. 이 과정을 통하면 책을 훨씬 쉽게 파악하고 읽는 속도가 훨씬 빨라진다. 결국 시간을 절약하는 효과적인 책 읽기가 가능하다.

책 읽는 도중(Reading)에는 '펜독서'를 한다. 책을 읽으며 마음에 드는 부분이 있으면 줄을 긋는다. 아이디어가 떠오르면 그 생각을 책의 여백에 기록한다. 이렇게 하는 이유는 아이디어를 놓치지 않기 위해서다. 아이디어는 즉시 기록하지 않으면 증발한다. 책을 읽을 때는 항상 펜을 손에 쥐고 있어야 한다.

아이디어를 메모하였거나 주옥같은 구절에 줄을 쳤다면 '인덱스'를 책의 옆면에 붙인다. 인덱스는 왜 붙이는 것일까. 나중에 다시 읽기 위해서다. 좋은 책은 한 번 읽는 것으로 끝나지 않는다. 몇 번이고 다시 읽어야 한다. 마케팅의 대부인 빌 비숍이 쓴《핑크펭귄》의 한국어판 기획을 담당한 강규형 대표는《핑크펭귄》을 두고 이런 말을 하였다.

위험보다 불편이 낫다. 하기 싫은 것은 대개 옳다. 불편과 옳은 것을 선택하고 반응하면 좋겠다.

좋은 책은 5번 이상 읽어야 한다. 《핑크펭귄》은 20번 이상 읽으면 좋겠다.

책을 읽고 나서(After reading) 해야 할 두 가지가 있다. 하나는 '다시 읽기'이다. 인덱스를 붙여놓은 구절을 다시 읽으며 핵심 키워드를 10자 이내로 압축하여 인덱스에 적는다. 이렇게 하는 본질은 키워드를 파악하기 위해서이다. 리뷰를 하며 책의 전체적인 이야기와 핵심을 쉽게 파악할 수 있다. 이런 과정을 거치면 '책은 읽었는데 기억이 나지 않는다'라는 웃지 못할 해프닝을 막을 수 있다.

마지막으로 '적용하기'다. 다시 읽기 단계를 거치며 책의 핵심을 파악했다면, 이것을 자신의 삶에 어떻게 적용할지 생각해보아야 한다. 그리고 하나라도 실천해야 한다. 책을 읽고 난 뒤 자신의 삶에 조금이라도 변화가 있어야 한다. 눈에 보이지 않는 정신세계에서부터 겉으로 드러나는 언행과 태도, 행동에서 변화가 있어야 한다. 책을 통한 영향력이 나타나야 유의미한 책 읽기가 이루어진 것이다.

책을 잘 읽으려고 책 읽는 방법에 대하여 고민하는 사람들이 있다. 그 중 하나가 속독이다. 속독은 책을 많이 읽다보면 저절로 체득하게 된다. 속독에 관한 책을 읽는다고 책을 빨리 읽게 되는 것이 아니다. 속독법에 관한 책은 그저 참고사항일 뿐이다. 책을 잘 읽는 방법은 많은 책을 읽는 것이다. 책을 제법 읽다보면 자신만의 독서법이 생긴다. 진정한 독서법은 자신이 책을 읽으며 갈고 닦는 것이다.

그럼에도 불구하고 LAPIRA 본질적 독서법을 소개하는 이유는 다음과 같다. 나 또한 제대로 된 독서법을 찾으려고 너무 많은 시간을 돌아 여기까지 왔다. 나와 같은 시행착오를 조금이나마 줄여주고 싶은 마음이다. LAPIRA 본질적 독서법은 독서를 통해 인생을 바꾸고자 하는 사람들을 위한 방법이다. 일주일에 한 권씩 목표를 잡고 책을 읽어보자. LAPIRA 본질적 독서법과 함께라면 인생이 바뀔지도 모른다.

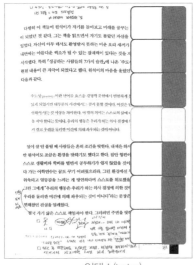

인덱스(Index)

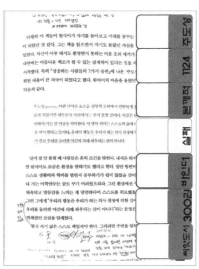

다시읽기(Review)

4

멘토는 가까이 있다

"성공하고 싶은데, 방법을 모르겠어요."

대학 졸업을 앞둔 26살 남자 학생의 질문이다. 누구나 성공하고 싶다. 그런데 성공하는 방법을 모른다. 제대로 알려주는 사람도 없다. 학교에서는 열심히 공부해서 좋은 대학을 가라고 한다. 대학에서는 열심히 공부해서 좋은 직장에 가라고 한다. 회사에서는 더 열심히 일해서 더 높은 자리에 가라고 한다. 그리고 정년이 되면 퇴직한다. 사실 정년까지 일하면 다행이다. 대부분은 명예롭지 못한 명예퇴직을 하고 떠밀리다시피 회사를 떠나야 한다. 평생 열심히 살아온 인생의 끝은 이처럼 허무하다.

성공하고 싶다면 그 방법을 알기 전에 먼저 성공에 대한 정의부터 내려야 한다. 저마다의 기준이 다르기 때문이다. 집 한 채만 있으면 행복할 것 같다는 소박한 목표에서부터 100억대 자산가가 되야 성공했다고 생각하는 사람도 있을 것이다. 당신이 생각하는 성공이란 무엇인가?

내가 생각하는 성공에 대한 정의는 '자유'다. 성공한 사람은 세 가지 자유가 있어야 한다. 경제적 자유, 시간적 자유, 정신적 자유이다. 경제적으로 굉장히 부유하지만 가족과 보낼 시간이 없는 사람은 성공한 것이 아니다. 경제적으로 자유롭지 못한 것 또한 당연히 성공했다고 볼 수 없다. 또한 경제적으로나 시간적으로 자유롭지만 정신적으로 자유롭지 못하면 그 또한 성공했다고 볼 수 없다. 걱정과 고민으로 가득한 삶이 행복할 리 만무하다.

내가 원하는 성공한 인생, 즉 자유를 위해서 지금 어떻게 살아야 할까. 열심히 공부해서 대학에 가고, 열심히 공부해서 좋은 직장에 가고, 열심히 일해서 높은 자리에 올라가면 자유를 얻을 수 있을까. 직장에 다니면 오히려 자유와는 멀어지는 것이 아닐까. 직장은 나의 상사가 있고 월급도 정해져 있다. 출근은 정시에 해야 하고 휴가 기간은 제한되어 있다. 열심히 공부해서 될 문제가 아니었다. 열심히 일해서 자유를 얻을 수 있는 것이 아니다.

어떻게 하면 자유로운 삶을 살 수 있을까? 어떻게 해야 성공한 인생을 살 수 있을까? 부모님이, 선생님이, 주변 어른들이 말하는 열심히 공부하기로는 불가능했다. 간신히 먹고 살 정도가 되었을 뿐이다. 그렇다면 어떻게 해야 할까. 어떻게 하면 성공할 수 있을까. 의외로 답은 간단했다.

이미 성공한 사람들을 따라하면 된다. 성공한 사람들이 했던 방법대로 하면 된다. 맛있는 요리를 만들고자 한다면 유명한 셰프의 레시피를 그대로 따라하면 된다. 멋진 몸매를 가꾸고 싶다면 근육질의 트레이너에게 운동을 배우는 것이 가장 빠르다. 몸이 아프면 유명한 의사를 찾아가 진료를 받는다. 성공을 하려면 성공한 인생을 살고 있는 사람들에게 배우는 것이 가장 빠른 길이다.

성공한 사람들에게 성공하는 방법을 배우는 세 가지 길이 있다. 첫 번째는 성공한 사람을 만나 코칭을 받는 것이다. 옆집 아저씨가 굉장한 부자라면 매일 밤 찾아가서 성공하는 방법을 배우면 된다. 그런데 옆집에 부자 아저씨가 살고 있을 확률은 굉장히 낮고, 설령 그가 옆집에 살고 있다 하더라도 귀한 시간을 나를 위해 사용할 이유가 없다.

두 번째는 성공한 사람의 강의를 듣는 것이다. 이것은 충분히 실천 가능하다. 특히 요즘은 유튜브를 통해 많은 강의들을 접할 수 있다. 최근에 유튜브를 통해 부동산을 공부하기 시작했다. 《부동산을 읽어주는 남자》라는 강의인데 컨텐츠의 질이 매우 우수하다. 운전할 때마다 강의를 듣는다. 매일 한두 개의 강의를 들으니 무의식적으로 부동산 투자 마인드가 심어졌다. 〈Snow Fox〉라는 도시락 브랜드를 만든 김승호 회장의 강의도 유튜브에 많이 올라와 있어 참고할 만하다. 꼭 유튜브뿐만 아니라 오디오북을 통해서도 강의를 들을 수 있다. 혹은 강의를 신청하여 직접 들어볼 수도 있다. 기회는 정말 많다. 다만 우리가 찾지 않을 뿐이다.

세 번째는 성공한 사람이 쓴 책을 읽는 것이다. 심리학자인 매슬로A. H. Maslow는 동기이론에서 사람은 의식주가 충족되고 나면 누구나 존경의 욕구와 자아실현의 욕구를 느낀다고 하였다. 대부분의 성공한 사람들은 자신의 성공을 뽐내기 위해 혹은 자신의 성공 비결을 사람들과 나누기 위해 책을 쓴다. 그 책은 대충 쓴 것이 아니라 자신의 모든 것을 쏟아내어 쓰게 된다. 존경과 자아실현의 욕구 때문이다. 그리고 이런 성공의 비결들을 모아서 만든 책까지 있다. 현대 경영학의 아버지라 불리는 피터 드러커Peter. F. Druker, 자기계발의 대가 브라이언 트레이시Brian Tracy는 성공에 관해서 많은 책을 집필하였다. 비단 이뿐이겠는가. 서점에는 성공에 관한 책이 무궁무진하다.

세계 최고의 투자가인 워렌 버핏Warren Buffett과 점심 한 끼를 같이 먹기 위해 330만 달러(약35억5천만 원)를 지불한 사람이 있다면 믿겠는가. 워렌 버핏은 2000년부터 일 년에 한 번씩 자신과 함께 하는 점심을 경매에 붙이는데, 2018년에 진행된 경매는 무려 330만 달러에 낙찰되었다. 이처럼 워렌 버핏을 만나는 것은 무척이나 어려운 일이다. 그렇다고 워렌 버핏이 주기적으로 유튜브에서 강의를 하지도 않는다.

그런데 워렌 버핏은 여러 권의 책을 집필한 작가이다. 이미 그는 성공하는 방법을 책으로 남겨놓았다. 어떤 사람은 두 세 시간 식사를 하기 위해 30억 이상을 지불하지만, 우리는 단 돈 1~2만 원만 지불하면 된다. 책 한 권을 사면 그가 몇 십 년간 고민한 삶을 말도 안 되는 저렴한 가격에 만날 수 있다.

멘토는 아주 가까이에 있다. 손만 뻗으면 닿을 수 있는 거리에 있다. 다만 우리가 찾지 않았을 뿐이다. 지금 당장 서점에 가보자. 독서를 잘 하고 싶다면 독서법에 관한 책 30권만 읽으면 답이 나온다. 부동산으로 성공하고 싶다면 부동산에 관한 책 50권만 읽어보자. 장사로 성공하고 싶다면 장사에 관한 책을 읽으면 된다. 원하는 것은 모두 지근거리에 있다. 찾지 않았을 뿐이다.

《세상을 이기는 힘, 들이대 DID》를 쓴 송수용 대표는 직장을 옮길 때마다 관련 분야 서적을 20~30권씩 사서 읽었다고 한다. 그는 육군사관학교를 졸업하고 5년간의 군복무를 마친 뒤 제지회사 영업사원이 되었다. 종이라고는 사무실에서 쓰던 A4용지 밖에 모르던 그가 제지 영업맨이 될 줄은 상상도 못한 일이었다. 그때 그가 한 선택은 종이와 영업에 관련한 책을 모조리 사서 읽는 것이었다. 훗날 외식업체로 직장을 옮겼을 때도 마찬가지였다.

우리는 공부라고 하면 너무 거창하게 생각하는 경향이 있다. 공부는 꼭 학교에 가서 하는 것이 아니다. 공부하고 싶은 분야의 멘토를 통해서 할 수 있다. 멘토는 눈앞에 있는 사람뿐만 아니라 그가 쓴 책과 영상, 오디오 등을 통해서 만날 수 있다.

성공하고 싶은가.
성공하는 지름길은 성공한 사람의 방법을 따르는 것이다.

5

저자와 만나라 : 강력한 동기부여의 힘

축구명문 맨체스터 유나이티드에서 은퇴한 박지성 선수에게도 슬럼프가 있었다. 네덜란드의 PSV 에인트호번PSV Eindhoven에서 맞은 슬럼프였다. 2002년 월드컵이 끝나고 히딩크 감독을 따라 네덜란드에 갔을 때 언론과 팬들의 관심은 대단했다. 박지성 선수에게는 이들의 기대를 충족시켜야 한다는 부담감이 있었다. 그때부터 극심한 슬럼프가 시작되었다고 한다. 무엇인가 보여주어야 한다는 강박관념에 쌓였고, 그 강박감은 연일 실수로 연결되었다. 결국 홈 팬들은 박지성 선수가 공만 잡아도 야유를 쏟아냈다. 이런 상황에서 그가 무엇을 할 수 있었겠는가.

그런데 그는 어떻게 슬럼프를 극복하고 영국 최고의 축구팀으로 이적할 수 있었을까? 박지성 선수는 칭찬과 긍정으로 슬럼프를 이겨냈다고 한다. 아주 쉬운 패스만 성공해도 '그래, 잘했어! 거봐 잘하잖아!' 하고 스스로를 칭찬했다. 수비수 한 명을 제치면 '그래, 잘했어! 거봐 잘하잖아!'

하고 또 칭찬했다. 이런 사소한 것에서부터 자신에게 매일 긍정의 메시지를 보냈다. 잘한 것만 반복적으로 생각하니 조금씩 자신감이 생기기 시작했고, 공에 대한 두려움이 점차 사라졌다고 한다. 그로부터 1년 뒤, 박지성 선수가 교체되는 이름만 들어도 야유를 퍼부었던 관중들은 '위쏭빠레'라는 박지성 응원가를 부르며 그를 응원했다.

슬럼프는 누구에게나 찾아올 수 있다. 박지성 선수와 같은 유명한 선수에게만 해당되는 이야기가 아니다. 나와 같은 평범한 사람에게도 슬럼프가 찾아왔다. 성공에 대한 열망으로 틈만 나면 책을 읽었다. 가방에는 항상 두 세권의 책을 넣고 다녔다. 그런데 손님은 특별한 계기도 없이 찾아왔다. 어느 날 갑자기 슬럼프가 온 것이다.

'책을 읽으면 진짜 인생이 달라지기나 할까?'
'이렇게 많이 책을 읽었는데도 삶이 하나도 변하지 않았어!'
'이 방법이 맞기나 하는 거야? 내가 올바른 방향으로 나아가고 있는 것일까?'

책을 읽다보면 이런 고민을 하게 된다. 여러 가지 이유 중에 첫 번째는 저자와 나 사이의 간격이 너무나 크게 느껴지기 때문이다. 저자는 대단해 보이고 나는 상대적으로 초라해 보였다. 책을 썼다는 그 자체만으로 주눅이 든다. 두 번째 이유는 책을 읽어도 내 인생이 달라지지 않았다는 사실 때문이다. 《미라클 모닝》이나 《아침형 인간》을 읽고 새벽에 일어나려고 아무리 노력해도 늦잠을 잔다. '그래, 난 역시 안 되나봐. 난 올빼미형이야. 아침형 인간은 무리야.' 오늘도 나를 비난하게 된다.

《무일푼 막노동꾼인 내가 글을 쓰는 이유》라는 책을 읽었다. 저자인 이은대 작가는 많은 빚을 갚지 못해 감옥에 갔다. 평생 책을 읽지 않던 사람이 감옥에서 처음으로 책을 읽고 글을 쓰게 되었다. 감옥에서 출소한 뒤 지금까지 출간한 책이 무려 4권이다. 그는 치유와 회복, 그리고 자신의 꿈과 목표를 위해 글을 쓰라고 한다. 책 내용에 공감은 했지만 막상 글을 쓰려니 실천하기 어려웠다. 나의 이야기를 글로 쓰면 대체 뭐가 바뀔까 의심스러웠고 글을 쓰는 시간도 아까웠다.

책을 읽은 뒤 얼마 되지 않아 정말 우연한 기회에 이은대 작가의 강의를 듣게 되었다. 서울 문정동에서 약속이 있었는데, 한참을 일찍 도착했다. 때마침 약속이 있던 건물에 이은대 작가의 특강이 있다는 것을 알게 되었다. 약속시간까지 시간은 충분히 있었다. 책을 이미 읽었기 때문에 큰 기대는 하지 않은 채 강의에 참석했다.

2시간의 짧은 특강이었는데, 직접 마주한 작가의 강의는 책과는 전혀 다른 울림이 있었다. 책 속에 있던 저자가 눈앞에 있었다. 글 대신 목소리를 통해 이야기를 들었다. 그가 감옥에서 느꼈던 처참함을 마음으로 전해 들었다. 눈물이 찡긋 맺혔다. 그가 처참함을 극복하려고 노력한 처절함을 느낄 수 있었다. 얼마나 절박했을까 상상하게 되었다. 책으로는 느낄 수 없는 감정이었다. 나는 그날부터 조금씩이지만 글을 쓰기 시작했다. 책을 읽고 '아! 좋네' 하고 끝냈던 것을 행동으로 실천하게 되었다.

이처럼 저자특강을 들으면 책에서 발견하지 못한 동기부여의 힘을 느낄 수 있다. 책과는 또 다른 맛이 있다. 《월급쟁이 부자는 없다》라는 투자 관련 책이 있다. 옆 사무실에 근무하던 선배가 추천한 책이었다. 저자는 28세에 18억을 가진 부자였다. 책의 요지는 월급으로는 절대 부자가 될 수 없고, 월급으로 받은 돈을 모아서 투자를 해야 한다는 것이었다. 책의 내용은 충분히 공감이 되는데 막상 실천하려니 용기가 나지 않았다. 이미 주식으로 500만 원을 날려 먹은 기억이 떠올랐다. 게다가 저자가 추천하는 부동산 투자는 생각해본 적도 없었다. 도저히 용기가 나지 않았다.

우선 저자인 김수영 씨가 운영하는 카페에 가입하였다. 그리고 그가 쓴 글을 찬찬히 읽어보았다. 두려움보다는 호기심이 생겼다. 때마침 새해가 되어 '출사표 특강'을 한다고 하였다. 3시간에 5만 원짜리 강의였다. 서울까지 왕복 차비를 생각하면 10만 원은 들었다. 돈이 중요한 것은 아니었다. 강의를 통해 용기를 얻으면 그만이었다. 서울로 올라갔다. 혜화역 근처에 강의실이 있었다. 40평 남짓한 강의실에 100명 정도의 사람들이 앉아 있었다. 대단한 인파였다. 아파트 청약 현장에 있는 것 같았다. 이렇게 많은 사람들이 찾아오는 강의라면 무엇인가 다를 것만 같았다.

저자인 김수영 작가는 대학생 시절부터 돈을 모아 빌라 투자를 시작했다고 한다. 그리고 하나둘씩 부동산 투자를 늘려 30대 초반에 그의 자산은 몇 십억으로 불어났고, 누구나 자신처럼 부자가 될 수 있다고 했다. 그로부터 얼마 지나지 않아 나는 부동산 공부를 본격적으로 시작했고, 몇 달 뒤에는 내 이름이 적힌 등기부등본을 받아볼 수 있었다.

만약 책만 읽었다면 실천할 수 있는 강력한 힘이 생겼을까 하는 의문이 들었다. 실천할 용기가 들지 않을 때는 이처럼 저자를 직접 만나는 것이 큰 도움이 된다. 유튜브를 통한 강의도 좋다. 반드시 저자를 눈앞에서 만나야 되는 것은 아니다. 책과 저자의 강의를 더한다면 시너지 효과가 생긴다.

저자특강을 통한 효과는 동기부여 말고도 또 다른 장점이 있다. 바로 질문을 할 수 있다는 것이다. 질문을 통해 궁금증을 해소하고 현실을 파악할 수 있으며 앞으로 나아갈 방향을 설정할 수 있다. LA의 레스토랑에서 일을 하기 전 나는 코스 요리가 나오는 음식점^{파인 다이닝, Fine Dining}의 오너 셰프가 되고 싶었다. 그런데 LA의 레스토랑에서 만난 셰프들과 이야기를 나누면서 꿈이 바뀌었다. 파인 다이닝의 요리사들이 멋있어 보이긴 하지만 현실은 냉혹하다는 것을 깨닫게 되었기 때문이다. 이는 요리사와 이야기를 나누어 보지 않으면 알기 어려운 부분이었다.

《작은 가게 성공 매뉴얼》을 굉장히 인상 깊게 읽었다. 저자인 조성민 씨는 대전에서 '카페 허밍'이라는 아주 작은 카페를 경영하고 있다. 이 책은 작은 카페가 어떻게 스타벅스에 밀리지 않고 살아남을 수 있는지를 알려주었다. 이 카페가 너무 궁금하고 저자의 삶과 생각을 알고 싶었다. 조성민 대표에게 연락을 했더니 흔쾌히 시간을 내어주었다.

토요일 이른 아침에 카페 허밍으로 찾아갔다. 카페 허밍에서는 토요일 아침마다 독서모임을 하고 있었다. 독서모임을 함께 하고 조성민 대표와 마주 앉았다. 책을 읽으며 궁금했던 여러 가지 질문들을 할 수 있었다. 그가 책에서 강조했던 매뉴얼은 실제로 어떻게 활용되고 있는지, 직원들을 어떻게 교육하고 성장시키고 있는지, 앞으로의 비전은 어떤 것인지 질문했다. 그 덕분에 나의 삶에도 적용할 아이디어를 얻고 그동안 미처 생각하지 못했던 부분에 대해 배우게 되었다. 만약 저자를 만나지 않았다면 책을 읽으면서 가졌던 궁금증은 영원히 해소되지 못했을 수도 있었다. 질문은 삶을 바꾸는 열쇠가 될 수도 있기에 저자와의 만남은 의미가 크다.

책을 쓴 작가가 나를 만나주지 않을지도 모른다. 자존심과 두려움 때문에 저자에게 연락조차 하지 않는 경우가 태반이다. 밑져야 본전 아닌가. 메일 한 통 쓰는 것이 어려운 일은 아니다. 만나주지 않으면 안 만나면 그만이다. 용기 내어 도전해 보면 좋겠다.

책을 읽다가 슬럼프에 빠질 수도 있다. 그럴 때는 작가를 만나보자. 저자특강에 참석해보고 저자의 생생한 이야기를 듣는 것으로 인생이 크게 바뀔지도 모른다. 저자특강을 통해 슬럼프를 극복할 수 있다. 동기부여를 받고 새로 출발하는 결심을 할 수 있다. 덤으로 저자에게 직접 질문을 함으로써 궁금증을 해소할 수 있다.

책을 쓴 작가들도 처음에는 평범한 수많은 사람들 중 한 명이었다. 저자의 대단한 삶도 처음에는 특별하지 않았다. 그들도 그들의 멘토가 있었을 것이고 누군가의 책을 읽고 강의를 들으며 성장했다. 두려워하지 말고 저자를 만나보자. 새로운 시선으로 세상을 보게 될 것이다.

6

함께 읽는 힘

매주 토요일 아침 6시 45분, 독서모임으로 뜨거운 현장이 있다. 아무도 잠자리에서 일어나지 않았을 것만 같은 이른 아침이지만 강의실에는 사람들로 북적인다. 바로 '독서포럼 나비'라는 독서토론 모임이 시작된 '양재나비'의 모임 장소이다. 양재나비는 양재역에서 처음 독서모임을 시작했다고 해서 양재나비로 불리지만 지금은 문정역 근방의 건물에서 진행되고 있다.

새벽부터 100여 명이 독서를 위해 모여 있는 모습은 너무나도 신기한 장면이다. 이렇게 책을 갈구하는 사람들이 많다는 것이 놀랍다. 주변에서 책 읽는 사람을 보기 어려운 시대이니 그럴 만도 하다.

'나비'란 '나로부터 비롯되는'의 줄임말이자 변화의 상징(알-애벌레-번데기-나비)으로 꽃들에게 희망을 주는 존재라는 의미를 담고 있다. 양재나비에서는 서로를 '선배님'으로 부른다. 나이가 많고 적고 지위가 높고 낮고는 중요하지 않다. 공자가 '세 사람이 함께 길을 가면 반드시 나의 스승 될 사람이 있으니, 그중 좋은 점은 골라서 따르고, 좋지 않은 것은 거울 삼아 고치도록 한다'고 했으니 취지가 이해된다. 처음에는 선배님이라는 호칭이 굉장히 낯설었다. 특히 나이가 많은 분들이 내게 선배님이라고 부르는 것에 익숙하지 않았다. 그러나 사람은 적응의 동물이다. 조금만 있으면 곧잘 '선배님'이라는 소리가 익숙해진다.

'양재나비'는 워낙 많은 사람들이 참여하기 때문에 조별 독서토론으로 진행된다. 한 조에 6명씩 토론할 수 있도록 책상이 배치되어 있다. 본격적인 토론에 앞서 각자 짧은 개인 소개를 한다. 토론은 《본깨적》 방식으로 진행된다.

가장 먼저 '본 것'을 나눈다. 책을 읽으며 의미 있게 읽은 부분을 읽으며 서로 공유한다. 재미있는 것은 서로 발표하는 내용이 다르다는 것이다. 같은 책을 읽었는데 각자가 의미를 부여한 부분이 다르다. 이는 각자의 삶의 방식과 의식 구조가 다르기 때문일 것이다. 6명이 각각 3분씩의 발표 시간이 주어진다. 모래시계로 시간을 잰다. 3분은 굉장히 긴 것 같지만 모래는 금방 떨어진다. 모두가 더 말하고 싶어서 안달이다.

'본 것'을 나눈 뒤 '깨달은 것'을 발표한다. 깨달은 것은 책 속의 어떤 구절을 통해 자신이 느낀 점을 이야기 하는 방식이다. 일본 츠타야 서점의 창업자 마스다 무네아키가 쓴 《지적 자본론》에서 다음과 같은 구절이 나온다.

그러나 지금 우리가 생활하는 장소는 서드 스테이지, 제안 능력이 있어야 하는 시대다. 제안은 가시화될 때 비로소 의미를 가진다. 디자인, 그러니까 제안을 가시화하는 능력이 없다면, 또 디자이너가 되지 못하면 고객 가치를 높이기는 어렵다.

의미 있게 읽은 구절을 사람들에게 이야기 한다. 그리고 이를 통해 내가 깨달은 것을 나눈다. 위 구절을 통해 '나의 생각을 프리젠테이션 하지 못하면 그 생각은 가치가 없다'고 깨달은 것을 발표한다. 책을 통해 각자가 깨달은 점을 공유하면 생각이 깊어진다. 미처 발견하지 못한 통찰을 발견할 수도 있다.

세 번째는 '적용할 것'을 이야기한다. 이것이 하이라이트다. 이 책을 읽고 각자의 삶에 무엇을 실천할지 선언하는 시간이다. 책을 읽고 삶에 아무런 변화가 없다고 말하는 사람들이 많다. 그도 그럴 것이 책을 읽고 실천을 해야 하는데 '아, 좋네!'하고 끝내버린다. 실천 없는 깨달음은 깨달음이 아니다. 책을 읽고 실천하지 않으면 책을 읽지 않은 것이나 다름없다. 적용할 것을 입 밖으로 내뱉는 것이 중요하다. 선언에는 힘이 있다. 말에는 힘이 있다. 생각을 입 밖으로 내뱉는 순간 사람은 그것을 실행하려고 노력을 한다. 더 좋은 것은 미처 생각하지도 못했던 적용할 점을 다른 사람들을 통해 발견할 수 있다는 점이다.

마지막으로 양재나비의 리더인 3P자기경영연구소의 강규형 대표의 '본깨적'을 나눈다. 이렇게 본 것, 깨달은 것, 적용할 것을 모두 나누면 어느덧 2시간이 흘러간다.

독서모임을 통한 장점이 있다. 먼저, 본깨적 나눔을 통해 책의 본질에 가까이 다가갈 수 있다. 책마다 하고 싶은 이야기가 있는데 그 본질은 독자가 찾아야 한다. 읽기 쉬운 책이라도 본질을 모르고 지나쳐 버리는 수가 있다. 토론은 이런 오류의 가능성을 낮추고 누구나 책을 통해 의미를 발견할 수 있도록 도와준다. 두 번째는 나약한 의지력을 보완해준다. 때로는 책을 반강제적으로 읽어야 할 때도 있다. 일종의 거룩한 부담감이다. 책을 읽는 것이 삶의 우선순위에서 밀려날 때가 많다. 책은 시간이 나서 읽는 것이 아니라, 시간을 만들어서 읽어야 한다. 독서모임에 가기 위해 반드시 책을 처음부터 끝까지 읽어야 되는 것은 아니다. 책을 통해 하나라도 배우면 된다. 책을 다 읽어야 한다는 부담감은 버리고 하나라도 삶에 적용하자는 마음 자세로 독서모임에 가면 좋다. 세 번째 장점은 독서모임 때문에 책을 깊이 읽게 된다. 책은 어떤 마음가짐으로 읽는지가 중요하다. 독서모임에서 토론할 책은 남들에게 책의 내용에 대해 이야기를 해야 하기 때문에 무의식적으로 책을 깊이 읽게 된다. 네 번째로 다양한 관점으로 책을 볼 수 있다. 여러 사람이 같은 책을 읽기에 가능한 이야기다. 혼자서는 미처 파악하지 못했던 부분을 서로 나눌 수 있으니 다양한 시각으로 책에 접근할 수 있다. 이처럼 책은 혼자 읽는 것보다 여럿이 읽을 때 시너지 효과가 난다.

양재나비는 다양한 사람들과 이야기를 나눌 수 있어 좋다. 그러나 지리적인 제약이 있다. 이 모임에 참석하려면 꼭두새벽부터 일어나야 한다. 매주 서울로 갈 수는 없는 일이다. 부담 없이 참석할 수 있는 독서모임이 있으면 좋겠다고 생각했다. 당시 근무하던 충주에서 진행되는 독서모임을 찾아보았지만 아쉽게도 없었다. 독서모임이 생기기를 기다리는 것보다 직접 만드는 편이 빠르겠다고 생각했다.

그래서 탄생한 독서모임이 '삼구나비'였다. 삼구나비의 삼구는 내가 근무하던 부대 이름을 따서 지었다. 같은 부대원들을 대상으로 회원 모집을 하였다. 다행히도 많은 사람들이 내가 진행하던 바인더 강의를 들었기 때문에 멤버를 모집하는 것은 어렵지 않았다. 멤버들을 모집하고 규칙을 정했다. 모임은 한 달에 두 번 진행하기로 하였다. 매주 모이기에는 부담되고 한 달에 한 번만 모이면 모임의 취지가 퇴색될 것 같았다. 독서토론을 진행하는 시간은 점심시간으로 정했다. 점심이 문제였지만 간단하게 간식을 먹으면 문제될 것은 없었다. 책 선정은 각자 의견을 내고 그 중에 가장 마음에 드는 책 한 권을 고르기로 했다.

독서모임의 진행은 양재나비에서 배운 것을 그대로 옮긴 '본깨적' 방식을 적용했다. 생각보다 다들 독서모임을 좋아했다. 독서모임이 이렇게까지 좋을 줄은 생각지도 못했다고 했다.《미라클 모닝》을 시작으로《춤추는 고래의 실천》,《청소력》,《아침형 인간》등의 책으로 3달간 독서모임을 이어갔다.

독서모임을 진행하다 보니 개선할 점이 생겨났다. 제일 많이 나오는 의견은 2주마다 책 한 권을 읽는 것이 부담된다고 하였다. 그리고 자신의 관심사와 동떨어진 책이 선정되면 흥미가 생기지 않는다고 하였다. 이런 문제점을 개선하기 위해 다 같이 해결방법을 토론했다. 일방적인 결정은 없었다.

결론은 2주마다 책 한 권을 읽는 것은 유지하기로 했다. 2주에 책을 한 권도 읽지 않는 것은 어찌 보면 도태되는 일이었다. 성장을 하려면 그만큼의 투입이 있어야 하는데 씨를 심지 않고 추수를 기대할 수 없는 일이다. 다만 책을 끝까지 읽을 필요는 없다고 강조했다. 책을 읽는데 부담이 되고 거부감이 든다면 차라리 읽지 않는 편이 장기적으로는 좋을 수도 있다. 다만 책 선정은 개인의 자유에 맡겼다. 저마다의 취향과 관심사가 다르기 때문에 각자가 읽고 싶은 책으로 모임에 참석하도록 했다. 그리고 각자 선정한 책의 주요내용을 브리핑 하게 했다. 왜냐하면 자신이 읽은 책을 함께 나누지 않으면 독서모임으로써 의미가 없기 때문이다. 독서모임은 서로의 성장을 위한 모임이기 때문이다.

독서모임을 진행하는 방법을 바꾸니 사람들의 태도가 달라졌다. 자신이 선정한 책으로 10분간 브리핑을 해야 하는 막중한 임무를 맡은 것이다. 책임감이 생겼다. 때문에 책을 읽는 깊이가 달라졌다. 250페이지나 되는 책을 10분 안에 발표한다는 것은 보통 일이 아니기 때문이다. 결과는 대성공이었다. 독서모임의 힘을 발견하는 순간이었다.

이후 삼구나비는 6개월간 지속되었다. 모두가 군인이어서 일정 시기가 되면 보직을 옮기게 된다. 어쩔 수 없이 이별을 해야 할 때가 온다. 지금은 모두가 다른 지역에서 근무하고 있다. 당시의 기억을 떠올리면 우리 모두가 참 열심히 살던 시간이었다.

현재 운영하고 있는 독서모임은 SB이다. SB는 Successful Business 의 앞 글자를 따서 만든 젊은 경영자들의 독서모임이다. 사업을 하고 있거나 준비 중인 사람들이 성장과 성공을 위해 모인다. 한 달에 딱 한 번만 운영한다. 각자 성공, 성장 그리고 사업에 관한 책을 읽고 치열한 토론을 한다. 벌써 2년이 되었다. 이제는 서로가 가족 같다.

독서모임은 결국 '함께 읽는 것'이다. 책은 혼자 읽을 때보다 여럿이 읽을 때 효과가 좋다. 미처 생각지도 못한 부분을 서로 나눌 수 있다. 책을 좋아하지 않는 사람은 자의 반 타의 반으로 책을 읽게 되기도 한다. 또한 책을 남들에게 이야기해야 하니 책을 깊게 읽게 되는 장점도 있다.

전국에는 300개 이상의 독서모임이 있다고 한다. 함께 읽는 기쁨을 누려보길 강력히 추천한다.

7

책이 맺어준 인연

　소개팅이 나을까, 헌팅이 나을까. 성공 확률로 봐서는 헌팅이 훨씬 높다. 소개팅은 확률 1%의 게임이고, 헌팅은 확률 10%의 게임이다. 남녀가 처음 보는 이성을 좋아할 확률은 10% 정도이다. 소개팅은 각자 10%의 확률로 만나게 된다. 남자가 여성을 좋아할 확률이 10%이고, 여자가 남자를 좋아하게 될 확률이 10%이니 이를 곱하면 1%의 성공률로 커플이 된다. 반면 헌팅은 한 명이 다른 이성을 먼저 좋아하고 있는 상태에서 이루어진다. 이미 10%는 해결된 셈이다. 따라서 한 명만 다른 이성을 좋아하면 되므로 10%의 확률이다.

　아내를 만나기 전 소개팅을 참 많이도 했다. 일주일 걸러 한 번 꼴로 소개팅 자리에 나갔다. 누구는 사람을 많이 만나봐야 된다고도 하고, 누구는 인연은 언젠가 나타날 것이니 시간낭비 그만하라고 하기도 했다. 나는 두가지 모두를 선택했다. 언젠가 인연은 나타날 인연이지만 내가 먼저 찾아보자고 나선 것이다. 그렇지만 별 소득은 없었다. 아름답고, 책을 좋아하는 사람. 이상형의 그녀는 이 세상에 없는 것 같았다. 특히 책을 좋아하는 사람을 잘 만나지 못 했다. 대부분의 여가시간을 책을 읽고 보내던 나를 이해하고 함께 할 사람을 찾는 것이 중요했다.

2017년 2월 22일 수요일 저녁 7시, 서울에서 독서모임이 있었다. 지금은 다른 이름으로 바뀌었지만 '딥나비'라는 독서모임이 한 달에 한 번 열렸다. 그날은 유독 사람이 많았다. 《창업자금 23만 원》의 저자 전지현 씨의 저자특강이 있는 날이었기 때문이다. 전지현 대표는 남양주의 GS25편의점 경영주인데 옷장사를 시작으로 호프집, 그리고 편의점으로 소위 말해 대박을 친 사업가이다.

전지현 대표의 특강이 있기 전 조별로 《창업자금 23만 원》에 대해 토론하는 시간을 가졌다. 나는 앞쪽 가운데 테이블에 앉아있다가 갑자기 왼쪽의 테이블로 자리를 옮기게 되었다. 그 테이블에 있던 사람들 대부분이 독서모임에 처음 참석한 사람들로 구성되어 있어서 도움이 필요했기 때문이었다.

그 자리에 그녀가 있었다. 그녀는 대전에서 회사를 다니고 있었는데, 그날은 마침 서울에 출장이 있어 업무차 왔던 길에 독서모임에 참석했다고 한다. 그녀는 똑부러지게 말을 잘했다. 《창업자금 23만 원》에 '구체적인 매뉴얼'의 중요성에 강조하는 부분이 나오는데, '적용할 점'을 나누며 아래 구절을 예로 들었다.

지금은 본사에서 서비스 교육이 체계적으로 잘되어 있다. 그런데 그때는 구체적인 매뉴얼이 없었다. 그래서 나 혼자 이 책 저 책 뒤적이다 4S를 만들었다. 스피드(Speed), 스타일(Style), 스마일(Smile), 스토리(Story). 우선 스피드는 빠른 계산이었다. (생략)

"제 삶에도 4S를 적용하기로 했어요. 스피드는 이메일 하루 이내 답장하기, 카톡 30분 내 답장하기, 스타일은 커리어우먼들의 복장 스크랩하기, 스마일은 회사 내에서 하루 한 명에게 웃어주기, 모든 거래처에 미소로 응대하기, 마지막으로 스토리는 업무일지 바인더를 사용하여 나만의 커리어 스토리를 만들자고 하였습니다."

너무나 인상적인 발표였다. 이뿐만 아니었다. 토론이 끝나고 전지현 작가의 강의를 들은 뒤 질문하는 시간이 있었는데, 그녀는 80여 명이 되는 사람들 가운데 처음으로 손을 들어 당차게 질문을 했다.

"대표님은 하루에 3~4시간만 자는데 대단하신 것 같아요. 저도 책을 읽고 새벽 4시에 일어나려고 하는데 회사에 출근하면 너무 피곤해요. 어떻게 하면 될까요?"

책을 통해 변화를 주려고 부단히 노력하는 삶을 살고 있는 것 같았다. 책을 좋아하는 것이 느껴졌다. 이상형에 가까웠다. 예쁘고, 책을 좋아하고, 열심히 살고자 노력하고 있었다. 독서모임이 다 끝나고 말을 걸어야겠다고 생각했다.

그런데 독서모임이 끝나고 나니 그녀는 어디론가 사라지고 없었다. 너무나 아쉬웠다. 궁하면 길이 보인다. 독서모임 단체 카톡방을 찾기 시작했다. 혹시나 하는 마음에 카톡을 뒤졌고, 천만다행으로 그녀를 찾을 수 있었다.

"혜원 선배님. 안녕하세요. 같은 테이블에서 나눔했던 노경섭입니다. 본깨적 시간에 4S를 삶에 적용한 이야기를 듣고 깜짝 놀랐어요. 그런데 작가님께 질문하시는 것을 듣는데 다시 한 번 번쩍 놀랐네요. 마치고 나서 잠깐 이야기를 나누고 싶었는데, 일찍 가신 것 같아서 카톡 드립니다."

우리 만남은 이렇게 시작되었다.

우리는 특별한 데이트를 즐겼다. 일주일에 두 번을 만났다. 평일 퇴근 후에 한 번, 주말에 하루를 만났다. 데이트는 평범하면서도 특별했다. 데이트가 평범했던 이유는 주로 카페에서 이야기를 나누었기 때문이고, 특별했던 점은 대부분의 시간을 카페에서 함께 책을 읽으며 시간을 보냈기 때문이다. 1년의 연애기간 동안 영화관은 딱 한 번 갔고, 당일 여행을 두 번 정도 갔을 뿐이었다. 데이트의 대부분이 대화와 책 읽는 시간이었다.

나 혼자만 책을 좋아했다면 정상적인 데이트가 되었을 리 만무했을 것이다. 다행히 서로가 책 읽는 시간을 절실히 갈구하고 있었다. 데이트는 주로 스타벅스에서 했다. 나는 커피를 주문하고 아내는 그린티 프라푸치노를 시켰다. 케이크 하나는 당연히 주문해야 하는 필수항목이었다. 책을 좋아하는 나를 이해해주는 사람이 있어 좋았다. 아니, 책을 좋아하는 사람이 있어 좋았다. 사실 우리는 책을 좋아하는 것을 넘어 책이 절실했다. 성장하고 싶었고 성공하고 싶었다. 답은 책에 있다고 확신했기 때문에 치열하게 책을 읽었다.

일 년의 연애를 했고 2018년 3월 1일에 결혼식을 올렸다. 신혼집 인테리어도 책으로 했다. 거실에는 TV를 놓지 않고 한쪽 벽면을 붙박이 책장으로 장식했다. 몇 백 권의 책이 꽂혔다. 책 그자체로 인테리어가 되었다. 거실의 가운데는 커다란 8인용 책상을 놓았다. 언제든 편안하게 책을 읽을 수 있다.

우리 부부의 만남은 우연이었으나 한편으로는 필연이었다. 오랫동안 책을 읽고 있었고 두 사람 모두 책을 읽는 사람을 염두에 두고 있었다. 서로를 맞을 준비를 하고 있었던 것이다.

주변에서 아내를 어떻게 만나냐고 물으면 우스갯소리로 '헌팅'으로 만났다고 말한다. 내가 좋아하는 사람을 만나 먼저 말을 걸고 데이트를 시작했다. 마음에 쏙 드는 이성을 만나고 싶으면 같은 취미를 공유하는 장소에 가는 것을 추천한다. 테니스를 좋아하는 사람은 테니스 클럽에, 와인을 좋아하는 사람은 와인 동호회에, 독서를 좋아하는 사람은 독서모임에 가면 된다. 확률 높은 게임이다.

8

무한 성장의 비밀

학교를 졸업하면 배움을 멈춘다고들 한다. 틀렸다. 학교에서도 배움이 멈추어 있었다. 학교에서는 진짜 지식을 알려주지 않는다. 진짜 지식이란 현실에서 사용할 수 있는 지식인데, 학교에서는 직접 활용가능 한 지식을 가르치지 않는다. 수학은 산수만으로도 충분하나 3차방정식을 가르치고, 정작 필요한 금융지식은 가르치지 않는다. 학교에서는 주식, 부동산, 혹은 사업을 운영하는 방법을 배울 수가 없다.

학교보다 더 좋은 학교가 있다. 바로 북 스쿨Book school이다. 북 스쿨은 때와 장소, 장르를 가리지 않는다. 원하면 언제 어디서든 어떤 종류의 지식이든 배울 수 있다. 부자가 되고 싶으면《부자 아빠, 가난한 아빠》,《백만장자 메신저》,《백만장사 시크릿》,《부의 추월차선》등 셀 수도 없이 많은 책들이 있다. 독서법이 궁금하다면《본깨적》,《독서천재가 된 홍대리》,《독서천재가 된 홍팀장》,《리딩으로 리드하라》,《생각을 넓혀주는 독서법》,《대한민국 독서혁명》 등 서가에서 우리를 기다리고 있는 책이 엄청나게 많다. 장사를 배우고 싶으면《장사는 전략이다》,《장사수업》,《작은 가게 성공 매뉴얼》,《백종원의 장사 이야기》,《장사의 신》 등 장사에서 탁월한 성과를 내고 있는 사람들의 이야기를 들을 수 있다.

한 분야에서 성공하고 싶다면 서점에 가자. 같은 분야의 책 10권을 읽으면 서서히 성과가 나타나기 시작한다. 50권을 읽었을 때 눈이 트이고, 100권을 읽으면 누구도 넘보지 못할 전문가가 된다. 이 세상에서 한 분야의 책을 100권 이상 읽은 사람은 아주 드물다.

처음에는 관심 있는 분야의 책 10권을 읽는 것으로 목표를 잡으면 좋다. 50권이나 100권은 너무 원대한 목표이기에 부담이 된다. 한 분야의 책 10권 읽기 목표는 2~3달이면 이룰 수 있다. 첫 번째 책을 읽을 때는 사전 지식이 없기 때문에 한 권을 읽을 때 1~2주 정도 시간이 걸린다. 이는 두 번째, 세 번째 책을 읽을 때도 마찬가지다. 그런데 네 번째 책을 읽을 때부터는 상황이 달라진다. 이전에 읽었던 책들과 중복되는 내용이 많아지기 시작한다. 그래서 문단의 첫 문장만 읽고도 뒤의 내용은 쉽게 예측된다. 책의 모든 내용을 정독하지 않아도 되는 것이다. 다섯 번째 책부터는 소제목만 읽어도 무슨 내용을 말하고 있는지 파악할 수 있다. 이 정도가 되면 1~2시간 안에 책 1권을 다 읽을 수 있게 된다. 따라서 같은 분야의 책 10권을 두세 달 안에 읽는 것은 크게 어려운 일이 아니다.

10권의 책 선정도 생각보다 간단하다. 좋은 책에는 저자가 읽은 또 다른 좋은 책들이 소개되어 있다. 대개 책 속에는 저자의 인생을 바꿔놓은 책들이 짧게 언급된다. 파도타기처럼 책 속의 책들을 따라가 읽으면 된다. 흔히 서점에 있는 베스트셀러가 좋은 책이라 생각하지만 진짜 좋은 책은 베스트셀러가 아니라 스테디셀러다. 옛날에 나온 책이라고 지금의 시대 상황과 다를 것이라 생각하면 오판이다. 진리는 바뀌는 것이 아니라 현재에도 여전히 유효하다.

대부분의 사람들은 두어 달 안에 10권의 책을 읽을 수 있다는 이야기를 허황되다고 생각한다. 왜냐하면 한 번도 경험해보지 못했기 때문이다. 보통은 주제를 바꿔가며 책을 읽는다. 같은 주제의 책을 여러 권 읽어본 경험이 없다. 첫 문장만 읽고 내용을 파악할 수 있다고 생각도 하지 못한다. 임계점을 넘어본 경험이 없기 때문이다. 물은 99도에서 끓지 않고 100도에서 끓는다. 대부분의 사람들은 99도 아래에서만 놀아본다. 물은 60도만 되어도 뜨겁다. 그러나 60도에서 물은 끓지 않는다. 물을 한 번이라도 끓여본 사람은 다르다. 100도를 보아야 만족한다. 이번 기회에 독서를 통하여 임계점을 넘어보자.

책은 아이디어의 원천이다. 좋은 책은 아이디어가 많이 떠오르는 책이다. 그저 '좋아, 좋아'하고 쉽게 넘어가는 책은 진짜 좋은 책이 아니다. 그것은 TV와 다를 바 없다. 만화책이 대개 그렇다. 뒤의 이야기가 궁금하여 생각할 틈도 없이 책을 넘기기 바쁘다. 좋은 책은 쉼과 메모가 많다. 아이디어가 많이 떠올라 잠시 쉬어가야 한다. 메모도 해야 한다. 아이디어 때문에 너무 설렌 나머지 잠을 이루지 못하기도 한다. 아이디어를 통해 성장한다. 책을 읽다 떠오른 아이디어를 실천하면 삶이 조금씩 달라진다. 작은 실천들이 모여 우리 삶을 성장시킨다.

또한 책은 고민 해결사다. 인간관계의 어려움이 있을 때는《데일 카네기의 인간관계론》을 읽으면 큰 도움을 얻을 수 있다. 다른 사람으로부터 호감을 얻는 비결과 상대를 설득하는 방법을 배울 수 있다. 행복한 가정을 만드는 비법도 알려준다. 이성과의 문제가 있을 때는《화성에서 온 남자, 금성에서 온 여자》로부터 도움을 받을 수 있다. 남자와 여자가 서로 어떻게 다른지, 그 차이를 극복하는 방법은 무엇인지 배울 수 있다. 결혼 생활의 어려움은《스님의 주례사》가 도움이 될지도 모른다.

고민은 스스로 해결하는 방법을 몰라 어렵다. 경제적 어려움이 있는데 아무리 생각을 해봐도 상황이 쉽게 바뀌지 않을 것 같아 절망에 빠진다. 공부를 하는데 성적이 오르지 않는다면 공부 방법을 모르는 것이다. 연애를 번번이 실패한다면 그것은 이성의 마음을 잡는 방법을 모르는 것이다.

책은 이러한 문제에 답을 알려준다. 혹은 우리가 생각하지 못했던 관점을 제시해주기도 한다. 그것도 그 방면에서 최고 전문가의 조언을 들을 수 있다. 그저 만오천 원의 책값만 지불하면 세상에서 가장 저렴하고 효과 좋은 고민 해결사를 만날 수 있다.

"오빠, 그 친구는 왜 만나요?"

친구를 만나고 돌아오는 길에 아내가 묻는다. 친구는 추억으로 만난다고 하였는가. 나보다 두세 배 많은 돈을 벌었던 친구였다. 밥 먹고 영화 보고 볼링장도 함께 다녔다. 당시에는 나는 꿈만 있던 사람이었고, 그 친구는 돈 잘 버는 서울에 사는 '서울남자'였다.

시간이 많이 흘렀다. 친구는 계속 그렇게 돈을 벌었다. 작은 사업체도 운영하고, 어떻게든 열심히 살아보려 했다. 다만 나와는 방법이 달랐다. 그동안 나는 책을 읽었다. 책을 통해 배운 것과 떠오른 아이디어를 삶에 적용하였다. 어느 날 친구가 고민을 이야기했다.

"일하는 것이 여전히 힘드네. 힘들어. 너는 전역하는 것이 두렵지 않아?"

"아니, 오히려 너무 설레고 기대되는데? 왜, 힘들어?"

"나는 처음 내 일을 시작할 때 너무 두려웠거든. 지금도 그래."

5년의 시간은 많은 것을 바꾸어 놓았다. 친구는 여전히 고민과 걱정이 가득했다. 앞일을 장담할 수 없기에 다가올 날들을 두려워했다. 이는 나 또한 마찬가지다. 앞일을 장담할 수는 없다. 그러나 다가올 미래가 고민과 걱정보다 설렘과 기대로 가득하다.

우리의 차이가 과연 무엇 때문일까. 나는 독서에서 답을 찾을 수 있었다. 독서는 막연한 미래를 구체적인 목표로 바꾸어 놓았다. 책을 통하여 관심 있는 분야의 지식을 습득하고 부족한 부분을 보완할 수 있었다. 한두 권 책을 읽어서 바뀐 것은 아니다. 몇 년 동안 꾸준히 내공을 축적해왔다. 그동안 읽은 몇 백 권의 책으로 두려움을 이겨낼 수 있었다.

친구네 집 거실에는 TV가 있다. 퇴근 후 집으로 오면 제일 먼저 하는 일이 TV를 틀어 적막한 집안의 분위기를 전환시키는 것이라고 한다. 아내와도 TV를 보며 하루에 있었던 일들을 이야기 나눈다고 했다. 우리 집 분위기는 이와는 많이 다르다. 우선 집 어디에도 TV가 없다. 우리 집 거실 한 쪽 벽면에는 책이 가득 차 있다. 북카페처럼 거실을 꾸몄다. 아내와 나는 거실에 놓인 큰 책상에 앉아 대화를 나눈다. 오늘 하루 있었던 일과 앞으로의 사업 구상을 함께 나눈다. 그리고 각자 할 일을 한다. 책 읽고, 글 쓰고, 일 하고, 때론 유튜브를 보며 스트레스를 해소한다.

무한 성장의 비밀은 독서에 있다. 책은 학교이다. 책을 통하여 세상의 모든 지식을 배울 수 있다. 책은 아이디어를 떠오르게 해준다. 책만 읽으면 아이디어가 샘솟는다. 떠오른 아이디어를 실천하기만 하면 삶이 달라진다. 책은 고민해결사다. 어떤 고민이든 새로운 것은 없다. 이미 많은 사람들이 비슷한 문제를 경험하고 그것을 책으로 써놓았다. 책에서 답을 찾기만 하면 된다.

B&B(Binder&Book)를 DNA로 심은 뒤, 인생이 놀랍도록 변화하였다. 바인더는 꿈과 목표를 관리할 수 있게 해주었다. 독서는 무한 성장의 원천이 되었다. B&B를 통해 앞으로의 삶이 얼마나 더 성장할지 기대된다. B&B가 없었다면 상상할 수도 없는 삶이다.

여기에 하나의 'B'가 더 있다. 'Bible'이다. 바이블이라 하면 성경을 떠올리지만 내게 바이블의 의미는 남들과는 조금 다르다. 나의 모태신앙은 천주교다. 수녀가 되고 싶었던 어머니의 영향이다. 그런데 군대에서는 독실한 불자가 되었다. 지금은 기독교인이다. 미국 공군에 위탁교육을 갔다가 미국 문화를 체험하러 갔던 교회에서 침례를 받고 돌아왔다.

지금 내게 종교가 무엇이냐고 물으면 고민이 된다. 반은 기독교이고, 반은 불교이다. 그 이유는 '신의 존재는 부정하지 않는다' 정도의 믿음을 가지고 있고, 종교는 진리를 배우는 것이라고 생각하기 때문이다. 기독교의 관점에서 나를 보면 신앙이 여물지 않은 사람이고, 불교적 관점에서 보면 신을 믿는 나약한 사람이다.

나의 종교가 무엇이든 정말 중요한 것은 이를 통한 삶의 변화이다. 불교와 기독교 모두 내 삶에 굉장히 유익한 영향을 미쳤다. 종교를 통하여 마음의 평화와 삶의 발전을 가져올 수 있었다. 종교의 유무 여부와 관계없이 누구에게나 삶을 바꿀 수 있는 이야기를 공유하고자 한다.

B&B에 B를 더하면 3B가 된다. 3B의 마지막 이야기, 지금부터 Bible의 진짜 의미를 나누고자 한다.

Part 4

진정한
종교의 의미
'선한 영향력'

BIBLE

1

군대에서 만난 불교

공군 장교가 되기 위해 공군 교육사령부 기본군사훈련단 장교교육대대에 들어갔다. 15주간의 기본군사 훈련을 이수해야 장교로 임관할 수 있다. 15주 동안 매주 수요일 저녁과 일요일 오전에는 '종교참석'이라는 시간이 있다. 불교, 기독교, 천주교 중 한 곳에 갈 수 있다. 종교참석은 기도를 한다는 것 이상의 의미가 있다. 우선 종교센터에서 주는 간식을 먹을 수 있다. 초코파이나 몽쉘 같은 과자는 없어서 못 먹는 간식이다. 걸그룹 영상도 가끔 볼 수 있다. 세속과 완벽하게 차단된 훈련소에서 만나는 걸그룹은 세상 최고의 행복이다.

당시 무교인 나는 셋 중에 하나의 종교를 택해야 했다. 어릴 때부터 어머니는 교회를 너무 싫어했다. 천주교가 종교였던 어머니는 유독 교회에 나가는 것만은 안 된다고 했다. 그래서인지 교회에 대한 인식이 좋지는 않았다. 교회는 한 번 나가면 계속 나가야 될 것만 같은 부담감과 신의 존재에 대한 근원적인 의문이 있었다. 천주교도 비슷했다. 천주교가 모태신앙이지만 천주교를 믿지는 않았다. 반면 불교는 비교적 친근하였다. 당시 유행하던 법륜스님의 '즉문즉설'의 영향이 한몫 했다.

기본군사 훈련을 받으며 무려 15주간 법당에 꾸준히 나갔다. 크리스마스가 있는 주에도 법당에 나갔다. 이것은 어마어마한 의미이다. 크리스마스의 교회는 간식이 풍족하다. 그곳을 마다하고 절에 간 것이다.

장교로 임관하여 처음 부임한 곳은 서산에 있는 전투비행단이었다. 내가 배치된 곳은 계획처라는 참모 부서였다. 그곳에서 부대의 전반적인 훈련을 책임지는 보직에서 일을 하게 되었다. 이뿐만 아니라 굵직굵직한 일들이 더 배정되어 있었다. 하나만 해도 하루가 모자란데 두세 개의 일을 하니 야근은 필수였다. 주말에 출근하는 것도 다반사였다.

나의 삶은 하나도 없었다. '나'라는 존재는 없고 오직 조직의 한 사람만 존재했다. 수많은 톱니바퀴 중의 하나였다. 그 누구도 나의 삶을 진심으로 걱정해주는 사람은 없었다. 지나가는 말로 '많이 힘들지?' 하면 그만이었다. 어떤 이도 나를 도와줄 수 없었고 나 또한 누군가에게 의지하고 싶은 마음이 없었다. 다른 사람에게 의지하는 것은 왠지 종속되는 삶을 사는 것만 같았다.

그때 떠오른 것이 불교였다. 서산에 부임하여 한동안 법당에 가지 않았다. 젊은 장교가 절에 가는 것이 왠지 이상해 보였다. 누군가 나를 어떤 시선으로 볼지 신경 쓰였다. 그렇지만 나를 살려야 했다. 나를 찾아야 했다. 나는 왜 살고, 앞으로 어떻게 살아야 하고, 지금은 무엇을 해야 하는지 알아야 했다. 절에 가면 마음의 안정을 찾을 수 있을 것만 같았다. .

처음 절에 갔을 때는 상당히 불편했다. 우선 법당까지 발걸음이 쉽게 옮겨지지 않았다. 절에서 받는 시선도 익숙하지 않았다. 기본군사훈련을 받을 때는 많은 훈련생들 중에 한 명이었지만, 서산에서는 거의 없는 젊은 신도들 중에 한 명이었다. 당연히 눈에 띌 수밖에 없었다. 그런데 예상 밖으로 사람들이 편하게 잘 대해주었다. 부담되지 않는 수준에서 환영해 주고 배려해 주었다. 그렇게 매주 일요일 아침이면 부대에 있는 절에 가서 법회를 하고 점심을 함께 먹었다.

법회를 꾸준히 가면서 주지 스님과 점점 친해지게 되었다. 스님과 둘이 식사를 하기도 하고 스님의 사무실에서 차를 마시기도 하며 인간적인 교류를 나누었다. 더불어 마음속에 있는 고민을 허심탄회하게 털어 놓고 함께 고민하게 되었다. 불교를 공부하게 된 것은 이때부터였다.

스님은 불교가 신을 믿는 종교와는 다르다고 하였다. 한자어를 풀이하면 종교의 의미는 '으뜸 되는 가르침'이다. 으뜸 되는 가르침은 누구의 가르침인가. 바로 부처님의 가르침이다. 부처님은 신이 아니라 열반의 경지에 오른 인간일 뿐이다. 열반에 오른 부처님의 가르침인 진리를 믿고 이를 따르는 것이 불교라고 말했다. 대표적으로 석가모니가 있다고 알려주었다. 석가모니의 가르침은 곧 진리이고, 진리를 믿고 이해하고 삶에 실천하면 깨달음을 얻을 수 있다고 하였다. 이렇게 스님에게 불교에 대해서 하나하나 배우게 되었다.

불교에서 대표적인 수양 방법은 명상이다. 명상은 마음을 밝히는 것이다. 자기의 마음을 '알아차림'으로써 하나의 생각, 마음, 느낌에서 벗어나 원래의 청정한 마음으로 돌아가는 것이다. 사실 명상은 내게 그리 낯선 것이 아니었다. 삼수를 할 때 수능 100일 전부터 재수학원에서는 명상을 전문적으로 가르치는 선생님을 불러 학원생들에게 무료로 강의를 해주었다. 일주일에 한 번 시간을 내어 한 시간 정도 명상에 대해 배우고 실습하는 시간을 가졌다. 수능을 100일 남겨 놓은 시점에 일주일에 한 시간을 내는 것은 쉽지 않은 일이었지만 명상 덕분에 마음이 매우 안정될 수 있었다. 당시에는 몰랐지만 성공한 사람들 중 많은 수가 습관적으로 명상을 한다고 한다.

명상에는 세 가지 단계가 있다. 첫 번째 단계는 사띠sati 명상이다. 사띠 명상은 쉬운 말로 알아차림 명상이다. 하나를 계속해서 알아채는 것인데, 대표적으로 호흡에 집중하는 것이 있다. 숨이 코를 통해 들어오고 나가는 것에 집중한다. 그런데 사람인 이상 호흡에 집중하는 도중에 무수한 생각이 머릿속에 떠오른다. 이때 '다른 생각을 했구나' 알아차리고 다시 호흡에 집중하는 것이 사띠 명상이다.

두 번째 단계는 사마타samatha 명상이다. 사마타 명상은 집중 명상이다. 한 가지에 계속해서 집중하는 것이다. 예를 들어 눈을 감고 기도를 하는데 마음속으로 '내가 행복하기를, 나를 사랑하기를' 하고 계속해서 되뇌인다. 이 한 문장에 계속해서 집중하는 것이다.

세 번째로 위빠사나vipassana 명상이 있다. 위빠사나 명상은 통찰 명상이다. 통찰은 어떤 것을 거리를 두고 바라보며 그 근본을 알아차리는 것을 말한다. 우리는 끊임없이 숨을 쉬고 눈을 깜빡인다. 그런데 이것을 평소에 인식하는 사람은 없다. 공기처럼 자연스럽게 존재하는 것이기 때문이다. 숨을 쉬는 것, 눈을 깜빡이는 것을 알아채려면 의식을 해야 한다. 의식은 알아차림에서 시작하는데 이것이 바로 통찰 명상이다. 위빠사나 명상을 통해서는 걱정과 고민이 어디서부터 시작되는지 파악할 수 있다.

명상의 복잡한 단계는 뒤로하고 명상을 쉽게 시작하는 방법이 있다. 정말 쉽다. 먼저 눈을 감는다. 이때 자세는 의자에 앉아도 좋고 바닥에 누워도 된다. 코끝에서 숨의 들어가고 나가는 것을 느껴본다. 숨이 코끝으로 들어오면 '들어옴'이라고 마음속으로 생각한다. 그리고 숨이 잠시 정지하는 것을 느낄 수 있는데, 이때는 '멈춤'라고 마음속으로 생각한다. 숨을 내쉴 때는 코끝에서 숨이 나가는 것을 느낄 수 있다. 이때 '내쉼'이라고 생각한다. 또는 '사라짐', '나감' 등 용어는 자신이 좋아하는 것으로 선정해도 무방하다. 이런 방법으로 매일 아침, 저녁으로 3분씩 명상을 한다. 명상이 익숙해지면 점점 시간을 늘려간다. 5분, 10분을 해도 좋다.

명상을 하기 시작하면 나의 감정을 알아차릴 수 있다. 화를 내는 나의 모습을 알아차리고 화내는 것을 멈추고 다른 선택을 하게 된다. 걱정과 근심이 생기면 그러한 감정이 생겼다는 것을 알아차린다. 명상의 내공이 쌓이면 알아차림을 넘어 통찰의 단계로 넘어간다. 감정을 알아차리고 그 원인을 파악할 수 있게 된다. 화가 어디서 나타났는지 알아차릴 수 있다. 나 또한 그동안 쌓인 스트레스와 분노 같은 나쁜 감정이 명상을 통하여 치유되기 시작했다.

또 다른 수양 방법은 108배처럼 절을 하는 것이다. 절은 온몸을 땅에 대고 자신을 낮추는 행위다. 절을 하는 것은 하심下心, 즉 나를 내려놓는다는 의미가 있다. 나를 낮춤으로써 내가 옳고 내가 잘났다는 마음과 번뇌에서 벗어나는 것이다.

스님은 장사를 해도 잘 했을 것 같다. 스님은 108배를 할 때마다 염주한 알을 주었다. 그리고 그것이 모이면 염주를 만들어 주었다. 염주를 만들기 위해 108배를 하는 사람은 없었지만, 적어도 염주가 108배를 하게되는 방아쇠는 되었다. 스님은 100일 동안 108배를 하면 삶에 큰 변화가있을 것이라고 하였다. 108배를 시작했다.

108배를 하는 세부적인 방법에는 여러 가지가 있겠지만 대표적인 것은 '108배 참회문'을 따라 읽으며 기도하는 방법이 있다. 책을 따라 읽기만 하면 되니 비교적 쉬운 방법이다. 또 다른 방법으로 '행복, 행복, 행복'또는 '성공, 성공, 성공' 등 한 가지 원하는 것을 계속 집중해서 절을 해도된다. 이는 명상으로 치면 사마타 명상으로 계속해서 한 가지 마음에 집중하는 수행 방법이다. 사마타 명상과 참회를 겸한 방법은 절을 할 때마다 '석가모니불'을 외는 것이다. 이는 몸과 마음과 말로써 부처님의 명호를 부르며 죄를 씻는다는 의미가 있다.

나는 100일을 다 채우지는 못했다. 무슨 이유인지는 기억이 나지 않지만 70일 정도에서 멈추었다. 그러나 108배를 하며 점차 마음의 안정을찾을 수 있었다. 미래에 대한 막연한 불안감에서도 점차 벗어났다. 108배도, 명상도 결국은 자신의 마음을 알아차리게 하는 힘이 있다. 그리고알아차림을 넘어 통찰하는 힘이 생긴다. 내가 왜 불안한지 근본 원인을찾게 해준다. 원인을 알면 치유도 자연스레 따라온다.

불교는 타력신앙이 아니라 자력신앙이다. 타력신앙은 신께 의지하고 매달리는 신앙이다. 타력신앙의 주체는 내가 아니라 신의 계시에 의한 것이므로 수동적인 신앙이다. 반대로 불교의 신앙은 능동적인 신앙이다. 불교에서의 신앙은 자신이 노력해야 한다. 믿는다는 것만으로 구원을 주지 않는다. 노력을 하지 않으면 깨달음을 얻을 수 없다. 그런데 생각해 보면 기독교나 천주교도 마찬가지다. 기도는 자신이 하는 것이므로 수동적일 수가 없다. 즉 자력이 없으면 타력도 생겨나지 않는다.

불교는 내게 수양하는 방법을 알려주었다. 명상과 108배를 통해 흔들리는 마음을 잡을 수 있었고 '나'라는 존재도 다시 찾을 수 있었다. 내가 왜 불안해하는지, 고민이 있는지 생각할 수 있게 해주었다. 주위 환경에 떠밀리는 수동적인 삶에서 스스로의 앞길을 개척해 나가는 능동적인 삶으로 전환할 수 있게 도와주었다.

2

미국에서 만난 기독교

    2016년 1월에 미국으로 위탁교육을 떠났다. 텍사스 하면 무엇이 생각나는가? 나는 야구선수 추신수를 떠올렸다. 그 다음으로 생각나는 것은 〈텍사스 전기톱 살인사건〉이라는 공포 영화와 총기 소지가 법으로 허용되는 곳이라는 것이다. 이처럼 텍사스에 대해서는 아는 것이 거의 없었다. 텍사스가 얼마나 크고 경제적으로 부유하고 성장하는 곳인지 알지 못했다.

    정말 우연의 일치로 때마침 고모 가족이 텍사스로 이주를 하게 되었다. 동부의 코네티컷Connecticut 주에서 살고 있던 고모네 가족은 텍사스 댈러스Dallas에 터를 잡았다. 내가 처음 교육을 받았던 곳은 텍사스 남부의 샌안토니오San Antonio였다. 댈러스는 샌안토니오의 북쪽에 위치하고 있는데 차로 운전하면 5~6시간 정도 걸린다. 댈러스가 서울이면 샌안토니오는 부산쯤 되는 거리였다.

금요일이 되면 장거리 운전을 하여 댈러스로 갔다. 샌안토니오에는 아는 사람이라고는 한 명도 없고 주변에 여행할 곳도 그리 많지 않았다. 혼자 여행하는 것을 즐기지도 않았다. 샌안토니오에서 텍사스를 가는 길에 텍사스 주의 주도인 오스틴Austin이 나온다. 운전이 지루할 쯤이면 나오는 대도시다. 오스틴에서 타코 같은 멕시칸 음식을 자주 먹었다. 잠시 허기를 면하고 다시 댈러스까지는 3~4시간을 더 가야한다. 다행인 것은 미국의 도로 사정이 좋거니와 사람들의 운전 매너가 좋다. 한국만큼 고속도로 운전이 피곤하고 힘든 일은 아니다.

장장 6시간에 걸쳐 댈러스에 도착하면 곧바로 '가정교회'로 갔다. 가정교회는 '집에서 열리는 가족 같이 작은 교회'를 일컫는다. 가정교회에서는 평일 저녁에 한 집에 여럿이 모여 함께 음식을 먹고 지난 한 주간 살아온 이야기를 나눈다. 금요일은 2시면 수업이 끝났기 때문에 가정교회로 갈 수 있었다. 그리고 일요일 아침에는 댈러스의 예닮교회라는 한인교회에서 예배를 드렸다.

불자인 내가 교회를 간 것은 다소 의외의 선택이었다. 전역 후 미국에서 살겠다는 마음이 있어서 미국 문화를 체험하고자 교회에 가보기로 하였다. 미국에서의 한인사회는 교회에서 인맥을 쌓고 정보를 공유한다는 이야기를 들었기 때문이다.

그런 내가 미국을 떠날 즈음에 침례를 받았다. 침례는 세례와 달리 물속에 완전히 빠졌다가 밖으로 나오는 의식행위인데, 지금까지 지었던 모든 죄를 물에 씻는다는 의미가 있다. 5개월 간 내게 무슨 변화가 있었을까, 그리고 그것이 내 삶에 미친 영향은 무엇인지 함께 나누고 싶다.

가정교회는 '섬김'의 문화이다. 자신의 집을 내어주는 주인(가정교회에서는 이 주인을 '목자'라 부르고 목자가 섬기는 사람들을 '목원'이라고 한다)인 목자는 목원들과 함께 먹을 음식을 장만한다. 그리고 처음 교회에 방문하는 사람을 VIP라고 하는데, VIP 손님처럼 세심하게 섬긴다는 의미가 담겨져 있다. 나 역시 VIP로 가정교회를 방문했다.

예닮교회를 가기 전 가정교회에 먼저 가게 되었다. 교회라고 하면 굉장히 낯설고 이질적인 분위기가 지배적일 것이라고 생각했다. 신을 믿지 않는 사람, 특히 불교를 믿는 사람이 신을 믿는 사람들과 대화를 나눈다는 것이 쉬운 일은 아니다. 그럼에도 불구하고 가정교회는 큰 거부감이 들지 않았다. 집에서 친구들과 밥 먹고 이야기를 나누는 느낌이었다. 물론 간혹 신앙 이야기가 나왔지만 신앙 이야기가 주는 아니었다. 자신의 소소한 일상과 고민을 나누는 자리였다. 가정교회는 매주 금요일 저녁마다 이어졌다. 처음에는 한 번쯤 가볼 만한 자리였으나 나중에는 가지 않으면 서운함마저 들었다.

가정교회를 통해 배운 것은 섬김의 문화다. 섬김을 다른 말로 하면 나눔이다. 목자와 목원들은 언제나 자신의 시간과 돈, 마음과 정성을 내게 나누었다. 이들 덕분에 타지에서 홀로 있는 외로움을 전혀 느끼지 않았다. 함께 식사하거나 카페에 갈 친구가 항상 있었다. 미국 생활에 익숙하지 않은 내게 조언과 도움을 주었다. 렌터카를 반납하고 돌아와야 할 때면 먼저 나서서 차를 태워주었고, 하룻밤 묵을 곳이 필요하면 주저 없이 자신의 집을 내어주었다. 그들의 나눔은 누군가의 강요가 아니라 자발적 의지에서 기꺼이 하는 것이라 진정한 마음이 느껴졌다. 이들은 나누는 삶을 살았다. 바쁜 삶의 와중에도 다른 사람을 도왔다. 자신들의 시간과 돈과 마음을 나누었다.

한국으로 돌아와서는 나도 목자가 되었다. 미국에서 받은 사랑을 나누고 싶었다. 매주 금요일마다 집을 오픈하고 음식을 준비했다. 금요일에 음식을 대접하려면 목요일 저녁부터 장을 보고 음식을 준비해야 한다. 음식을 만드는 것은 내가 잘하는 것이라 문제가 되지 않았다. 시간이 가장 큰 걸림돌이었다. 직장인인 내게 시간은 항상 촉박했다. 매주 음식을 준비하는 돈도 만만치 않았다. 적게는 5만 원에서 많게는 10만 원씩 음식 값이 들었다. 한 달이면 음식을 준비하는 데만 30만 원 이상이 든다.

섬김과 나눔은 곧 희생이다. 누군가를 섬긴다는 것, 나의 것을 나눈다는 것은 내 돈과 시간과 마음이 든다. 굳이 안 해도 되는 일을 하는 것이다. 집을 오픈하는 데는 적지 않은 신경이 쓰인다. 그런데 굳이 왜 나누려고 하는가?

첫째는 나누면 나누는 것 이상으로 크게 돌아온다. 물론 보상을 바라고 나눈 것은 아니다. 한국으로 돌아와 1년 동안 목자 생활을 하면서 느낀 바가 있다. 주변 사람들에게 나누면서 또 다른 기회가 생기고 도움을 받았다. 물론 돈으로 도움을 받은 것이 아니다. 그런데 그 도움은 돈 이상의 값어치가 있는 것이었다.

아내와 결혼하기 전이었다. 신앙적인 기반 위에 세워진 가정을 이루고 싶어 〈예비부부의 삶〉이라는 강의를 목사님께 요청하였다. 이것은 7주간 부부가 되기 위한 공부를 하는 과정인데, 이 강의를 하는 사람은 지도자

과정을 수료해야 자격이 주어진다. 당시 목사님은 이 자격이 없었다. 그러나 우리 부부를 위해 3일 동안 타지에 가서 지도자과정을 수강하고 오셨다. 아마 내가 목자로 헌신하지 않았다면 목사님이 기꺼이 우리 부부만을 위해 강의를 준비하셨을지 모르겠다.

보상은 어떤 방법으로든 돌아온다. 그 보상은 내가 쓴 것 이상의 크기로 돌아온다. 세계 최대 규모 월도프 아스토리아 호텔의 경영자가 된 조지 볼트George Boldt 일화는 너무나 유명하다. 시골의 어느 호텔에서 일하는 도중 노부부가 호텔로 들어와 하룻밤 묵을 방을 달라고 했다. 남아 있는 객실이 없는 것을 확인한 조지 볼트는 그들에게 자신의 방을 내어주었다. 몇 년 뒤 노부부는 조지 볼트를 호텔의 경영자로 세우게 된다. 이처럼 작은 나눔이 훗날 얼마만큼의 크기로 되돌아올지는 아무도 모르는 일이다.

둘째는 나눔으로써 배우고 성장한다. 기독교의 기본정신은 사랑이다. 예수님은 모든 사람들이 무시하는 창녀가 떠준 물을 마셨다. 사랑이었기에 가능한 일이었다. 세종대왕은 애민정신으로 한글을 창제했다. 백성들이 글을 모르는 것이 안타까웠기 때문이다. 내게 사랑은 참 어려운 개념이다. 단어로는 알지만 마음으로 느끼는 것은 쉽지 않았다. 어렸을 때 부모님이 이혼을 하고 어렵게 자라오면서 사랑을 받고 자랐다는 느낌이 없었다. 그저 사는데 급급했다. 홀로 두 아들을 키우는 어머니와 얼굴을 보는 것은 학교 가기 전 잠깐이었다. 밤늦게까지 일하는 어머니는 우리를 돌볼 시간이 없었다. 사랑의 다른 말은 희생이다. 희생은 나의 시간과 돈

과 마음을 쓰는 것을 말하는데, 이는 나눔으로 실천할 수 있다. 즉, 나누
는 것은 곧 사랑을 배우는 행위인 것이다.

"사랑을 배우고 싶어요."

누군가 왜 목자를 하냐고 물어왔을 때 대답한 말이다. 사랑을 배울 수
나 있기는 한 걸까 의문이 들지만 나눔으로 조금이나마 그 마음을 느끼
고 싶었다. 나는 어렸을 때부터 무뚝뚝하고 정이 없는 사람이었다. 마음
속에는 조금도 사랑이 없는 것 같았다. 나눔을 실천하면 사랑을 알게 될
것 같기도 하였다.

목자를 하는 일 년 동안 참 많은 일이 있었다. 내가 주도하는 가정교회
는 청년들을 대상으로 하였다. 대학생부터 젊은 직장인까지 나이차가 많
게는 14살이나 되었다. 멤버도 자주 바뀌었다. 나는 사실 그들이 가정교
회에 오거나 말거나 큰 관심이 없었다. 오직 가정교회를 운영하는 데 신
경을 썼다. 목원 한 명 한 명에게 세심한 관심을 기울여야 하나 그러하지
못했다. 사랑이 없었기 때문이다. 그런데 유일하게 잘 할 수 있는 한 가지
가 있었다. 음식이었다. 음식은 자신이 있었다. 그들에게 세상 최고의 음
식을 대접하고 싶었다. 내가 잘 할 수 있는 나눔이었다. 매주 최고의 음식
을 대접하려고 애썼다. 비싼 재료를 쓰고 양도 푸짐하게 준비했다. 장을
볼 때는 과일을 빼놓지 않았다.

나눔을 통한 경험으로 '사랑'이 생겼냐고 물으면 자신 있게 '네!'라고
대답할 순 없다. 그러나 분명한 것은 나누는 경험을 통해 성장했다는 것
이다. 사랑은 어느 한순간 갑자기 생겨나지 않는다. 서서히 마음속에 자
라는 것이기 때문이다. 성경에 나오는 겨자씨 비유처럼 이제야 마음에 씨

하나를 뿌린 것이다. 이 경험으로 사랑이 자라고 주변 사람들을 사랑할 수 있는 사람으로 성장하고 있다.

지난 몇 년 동안 주변 사람들에게 바인더를 알려주고 있다. 한 번 강의에 3시간이 든다. 준비하는 시간까지 포함하면 거의 하루가 걸리는 일이다. 돈이 되는 일도 아니다. 나눔에서 시작한 일이었다. 평범한 내가 특별한 사람으로 성장한 비결을 주변 사람들과 나누고 싶었다. 바인더를 배운 사람들이 성장한 것은 당연한 일이었다. 정작 놀라운 것은 바인더를 사람들과 나누면서 내가 성장했다는 것이다. 어떻게 하면 쉽게 알려줄 수 있을까 고민하는 과정에서 스스로의 성장을 느끼게 되었다. 나눔은 곧 성장이다.

불자인 내가 미국에서 침례를 받고 한국으로 돌아와 교회를 다니게 되었다. 그럼에도 신이 있느냐는 질문에 '그렇습니다.'라고 자신 있게 대답하지 못한다. 눈에 보이지 않는 존재를 믿는다는 것은 쉽지 않은 일이다. 그러나 기독교 신앙을 통해 성장하고 있는 내 삶은 눈에 보인다. 주변 사람들을 배려하고 섬기는 사람이 되려고 노력한다. 이러한 삶은 주변 사람들이 나를 돕게 되는 선순환적 구조를 만들었다. 성장하고 싶다면 나 혼자의 노력으로는 한계가 있다. 서로 돕는 가운데 폭발적인 성장을 이룰 수 있다. 혼자 가면 빠를 것 같지만 멀리 가지는 못한다.

3

선한 영향력, 진정한 종교의 의미

　믿음이나 신앙 등 개인에게 종교는 어떤 의미일까. 나의 첫 종교는 수녀가 꿈이었던 어머니 영향으로 나의 의사와는 전혀 관계없이 천주교였다. 모태신앙은 스스로 결정한 것이 아니니 믿음보다는 일종의 습관이다.

　아버지와의 이혼 후 어머니는 주말에도 일을 하게 되었다. 어머니가 성당을 가지 않게 되면서 나 또한 성당을 가지 않았다. 첫 번째 종교인 천주교는 나의 삶에 아무런 영향을 미치지 못했다. 내 삶에 영향을 미치기에는 너무 어렸다. 그렇게 나의 첫 번째 종교는 지나갔다.

　십여 년이 훌쩍 지나 두 번째 종교를 가지게 되었다. 불교였다. 군대에서 만난 불교는 스스로 선택한 믿음이었다. 사실 불교는 믿음이라기보다 진리를 배운다는 것에 가깝다. 믿음을 통해 구원 받는 것이 아니라 수양을 통해 성장하고 깨닫는 것이다.

　세 번째 종교는 기독교였다. 기독교는 참 열심이었다. 금요일이면 가정교회에 갔다. 토요일 아침마다 목사님과 신앙을 공부했다. 교회에서 배운 대로 성경을 읽고 기도를 했다. 하나님을 한 번도 만난 적은 없지만 신이 있다고 생각했다.

기독교와 불교는 극명히 다르다. 절대자인 '신'을 믿는 종교와 깨달음을 얻은 '사람'의 가르침을 따르는 종교는 절대 같을 수 없다. 신기한 것은 하나님의 말씀이나 부처님의 말씀은 서로 다른 듯 하면서 서로 같다. 부처님은 자비를 강조한다. 자비는 다른 사람을 향한 이타적인 마음이다. 예수님은 사랑을 강조하였다. 사랑 또한 타인을 향한 이타적인 마음이다. '원수도 사랑하라'는 예수님의 대표적인 말씀은 이타적인 마음 없이는 불가능하다.

자비와 사랑의 공통점, 즉 불교와 기독교의 공통점은 타인을 향한 이타적인 마음이다. 진정한 이타적인 마음은 실천할 때 비로소 의미를 가진다. '그때 짐을 한 번 들어줄걸 그랬어', '그때 선물을 했어야 했는데', '그때 따뜻한 말을 건넸어야 했는데' 하는 생각만으로 이타적인 삶을 살고 있는 것은 아니다. 다른 사람을 행동으로 도와줄 때 이타적인 삶을 실천하고 있는 것이다.

이타적인 삶은 세상에 선한 영향력을 미친다. 이타적인 삶은 생명을 무릅쓰고 사람을 구하는 것만 해당되는 것이 아니다. 뒷사람을 위해 문을 잡아주고, 횡단보도 앞에서 차를 멈추고 사람을 먼저 지나가게 하고, 식당에서 일하는 점원에게 따뜻한 말을 해주는 것이 이타적인 삶이다. 이런 사람들이 많아질 때 세상은 따뜻해진다. 이타적인 행동은 세상에 선한 영향력을 발휘하는 삶이다. 선한 영향력은 또 다른 선한 영향력을 일으키며 선순환이 일어난다.

불자든 크리스천이든 배운 대로 살면 세상에 선한 영향력을 미치게 된다. 자비와 사랑을 실천하는 삶은 세상을 조금씩 바꿔갈 수 있다. 그런데 세상에는 절이나 교회에서만 이타적인 삶을 사는 사람들이 많다. 독실한 신자인 것처럼 보이나 막상 실제 생활에서는 이기심으로 가득한 사람들 말이다.

진정한 종교의 의미는 무엇일까. 즉, 우리가 종교를 믿는 목적은 무엇인가. 불교는 깨달음을 목표로 한다. 불교에서 말하는 깨달음은 일반 사람들에게는 너무나 괴리가 큰 목표이다. 깨달은 사람을 뜻하는 아라한은 수양을 업으로 삼는 스님들에게도 꿈같은 경지이다. 기독교에서 말하는 구원은 또 어떤가. 기독교에서는 믿음으로 구원을 받는다고 한다. 구원은 죽음 뒤에 천국으로 가게 되는 것을 말한다. 믿는 것 하나로 구원을 받으면 이 생은 대충 살아도 되는지, 구원이 진짜 목적이라면 한 번만 믿으면 되는 것을 왜 매주 교회에 가는지 의문이 든다.

우리가 열심히 일을 하고 가정을 꾸리고 자녀를 키우는 것은 행복하기 위함이다. 불행하고 싶어서 결혼하는 사람은 없고, 괴로움을 느끼려고 아기를 낳는 사람은 없다. 일을 하는 것은 일을 통한 금전적인 혜택과 자기 발전에 그 목적이 있다. 결국 우리 삶의 궁극적인 목적은 행복이다.

종교는 행복을 위해 존재하는 것이 아닐까 생각한다. 믿음을 통한 구원도 곧 자신이 행복해지려 하는 것이다. 수양을 통한 깨달음도 깨달음에 도달하면 행복하기 때문이다. 물론 그 과정도 행복이다. 깨달음에 나아가는 과정과 구원을 받고 이 생을 살아가는 과정 모두가 행복하기 위함이다.

그렇다면 어떻게 해야 행복할 수 있을까? 잘 살아야 한다. 잘 살면 행복하다. 잘 사는 것은 과연 무엇인가. 다시 말해 어떻게 잘 살 것인가. 나는 행복을 향한 길은 종교가 아니라 종교가 알려주는 진리에서 답을 찾을 수 있었다. 불교는 자비로운 마음을 가지고 살라고 했고, 기독교는 네 이웃을 사랑하라고 했다. 이 두 종교 모두 단지 마음만으로 자비와 사랑을 베풀며 살라고 하지는 않았을 것이다. 자비와 사랑을 실천하며 사는 것이 진정한 종교인의 자세이다. 자비와 사랑을 베풀며 사는 것은 다른 말로 표현하면 세상에 선한 영향력을 미치는 것이다. 자비와 사랑은 나와 남을 비롯한 세상에 선한 영향력을 행사하는 것이다.

선한 영향력을 미치는 삶은 행복한가 하면 행복하다. 그 행복은 자기만족에서 오는 행복, 그리고 타인의 감사와 인정에서 오는 행복이 있다. 먼저 자기만족에서 느끼는 행복은 다음과 같다. 예를 들어 비행기에서 가장 안쪽 자리에 앉은 사람이 화장실을 갈 때면 통로에 있는 사람 모두가 일어나야 한다. 때문에 가장 안쪽에 앉은 사람은 미안한 나머지 화장실을 가겠다고 선뜻 말 하지 못 한다. 이때 통로에 앉은 사람이 먼저 물어보면 안쪽에 앉은 사람은 참 고마워한다. 우리는 타인에게 호의를 베풀 때 스스로 느끼는 만족감이 있다. 하다 못해 이런 사소한 양보에서 시간 또는 물질로 다른 이들에게 선한 영향력을 미치며 느낄 수 있는 자기만족감은 해본 사람만이 아는 것이다.

둘째로 다른 사람들을 통해 느끼는 행복이 있다. 나를 통해 삶이 바뀌어 내게 고맙다고 인사하는 것을 보며 느끼는 만족감이다. 뒤에 오는 사람을 위해 잠깐 동안 문을 잡아주면 '감사합니다'라고 말한다. 지나가는 한마디지만 기분이 좋아진다. 나는 종종 바인더 강의를 통해 인생이 달라졌다고 감사 인사를 받는다. 그럴 때면 너무나 큰 감동을 받는다. 바인더 강의를 통해 누군가의 성장을 돕는다는 사명감과 자부심을 느낀다. 누군가의 인생을 바꿀 수 있다는 것이 얼마나 큰 행복인지 모른다.

이처럼 행복은 아주 거창한 것이 아니다. 삶의 소소한 영역에서 먼저 느낄 수 있는 부분이다. 주변에 작은 일부터 선한 영향력을 끼치겠다는 마음으로 살아가면 매일이 행복으로 가득할 것이다.

선한 영향력을 행사하는 방법은 저마다의 능력과 재능에 따라 다를 것이다. 누군가는 물질로, 누군가는 시간으로, 노동으로, 특별한 재능으로, 또는 따뜻한 말로써 선한 영향력을 행사할 수 있다.

4

나눔을 통한 성장

선한 영향력을 통한 성장은 참으로 놀랍다. 별 볼일 없을 것 같은 내 삶에도 점점 빛이 들었다. 나누기 시작하니 성장했다. 스스로 부끄럽지 않기 위해 동기부여가 되었다. 제대로 나누려고 스스로를 가다듬었다. 주변의 시선도 참 많이 달라졌다. 점점 능력 있는 친구로 인정받기 시작했다. 선한 영향력은 언젠가 자신에게 돌아온다. 그것을 믿고 실천하기만 하면 된다. 선한 영향력을 미치려고 노력하는 삶은 엄청난 성장을 가져온다. 그것을 깨닫게 된 것은 두 가지의 경험이 있기 때문인다.

첫 번째 경험은 바인더 강의를 통한 나눔이었다. 바인더 강의는 처음에는 전혀 거창할 것이 없었다. 주변 지인 한두 명이 개인적으로 바인더를 알려달라고 했다. 그래서 옆에 앉아 일대일로 바인더를 알려주게 된 것이 강의로 발전하게 되었다. 처음에는 PPT 강의 자료도 없이 구두 설명으로 끝났다. 그도 그럴 것이 굳이 강의 자료가 없어도 내게는 바인더가 있으니 이것만 보여주면 되었다.

　그런데 다수의 인원을 대상으로 바인더 강의를 하려니 문제가 생겼다. 우선 재료 준비부터 그 양이 어마어마해진다. 30명을 대상으로 바인더 강의를 하려면 꼬박 6시간은 준비해야 겨우 마칠 수 있었다. 개개인별로 필요한 바인더 용품을 주문하고 택배가 도착하면 한 명분씩 나누어야 한다. 바인더 사용을 위한 속지를 인쇄하고 자르고 구멍을 뚫어야 한다. 인쇄하는 것부터가 시간이 많이 소요되는 일이다. 한 명당 100장씩의 속지가 필요한데, 이것도 양면으로 인쇄해야 해서 손이 많이 가는 작업이다. 강의 자료도 지속적으로 수정해야 한다. 바인더 이해를 돕기 위해 그때마다 최신 자료를 보여주어야 하기 때문이다. 한 달에 한 번 무료로 진행하는 강의를 위해서 6시간 이상을 준비해야 하고, 강의 3시간과 앞뒤로 준비하고 정리하는 1시간을 포함하면 최소 10시간은 써야 한다.

　수치로 보면 손해일 것만 같던 이 일도 뒤돌아보니 내게 성장을 가져다주었다. 먼저 바인더를 왜 쓰는지 생각하게 되었다. 즉, 바인더의 본질을 알 수 있었다. 바인더를 배울 때는 시간관리, 목표관리, 성과관리, 메모관리를 위하여 바인더를 사용한다고 배웠다. 그런데 이는 남을 통해 배운 지식이지 스스로 깨달아서 알게 된 것이 아니다. 이것을 남에게 전달하려고 하니 내가 온전히 알아야 남에게도 쉽게 이해시킬 수가 있다는 것을 깨달았다. 내가 먹고 맛없는 음식을 다른 사람들에게 권할 수 없는 것과 같은 이치다. 다른 사람들에게 알려주려고 애쓰지 않았다면 절대 깨달을 수 없는 것이었다. 그저 수동적으로 배운 그대로 바인더를 쓰고 있었을지도 모른다.

바인더를 알려주다 보니 바인더의 내용과 형식이 개선될 수 있었다. 아마 대부분의 사람들이 바인더나 다이어리를 구매하고 며칠 쓰다가 포기한 경험이 있을 것이다. 나 또한 그랬다. 내게 바인더를 배우러 오는 사람들 또한 마찬가지였다. 바인더를 조금 쓰다가 포기하는 사람들이 속출했다. 왜 그럴까 계속 고민하고 어떻게 하면 시행착오를 겪지 않을 수 있을까 고민하였다. 그렇게 해서 지금의 '4P 본질적 바인더'가 나오게 되었다. 현재 사용하고 있는 바인더는 지금까지 100번 이상의 수정을 거쳐 세상에 나온 것이다. 물론 이 또한 앞으로도 계속 수정하고 보완될 것이다.

초점을 초심자에게 맞추다 보니 보다 쉽고 간편하게 바인더가 개선되었다. 나의 기준에는 부담이 없는 것도 다른 사람의 관점으로 보면 다르게 보인다. 오히려 보이지 않던 것도 보이게 된다. 기존의 시선으로 바라보면 문제점을 찾을 수 없다. 〈백종원의 골목식당〉이라는 프로를 보면, 주인들은 본인 가게의 문제점을 파악하지 못한다. 반면 백종원 씨는 대번에 문제점을 찾아낸다. 백종원 씨가 1시간도 안되어서 파악하는 문제점을 정작 음식점의 주인이 모르는 것이다. 시선이 고정되어 있기 때문이다. 손님의 입장에서 문제를 찾으려 하지 않고 주인의 입장에서 생각하기 때문에 정말 중요한 것들이 눈에 보이지 않는 것이다.

나눔을 통해 타인의 입장에서 생각하는 방법을 배우게 된다. 나눌 때 문제가 보이기 시작한다. 바인더를 배우는 사람들이 자주하는 질문과 실제 수업에서 그들이 어려움을 느끼는 부분을 파악할 수 있었다. 지속적인 피드백과 수정을 통해 점점 더 쉽고 간단하며 효과 있는 바인더가 완성되었다. 초보자의 입장에서 바라보니 문제가 보였다.

결국 나의 바인더도 굉장히 간결해졌다. 불필요한 부분은 과감히 버리고 정말 중요한 부분에 집중할 수 있었다. 쉽고 간편하게 할 수 있는데 굳이 어렵게 바인더를 사용하고 있었던 것이다. 다른 사람을 돕기 시작한 일이 결국 나의 성장으로 이어졌다.

매주 금요일 저녁마다 젊은 친구들이 우리 집으로 모였다. 그 모임은 일 년 동안 지속되었다. 모임이 있는 날이면 10인분의 음식을 만들었다. 단 한 번도 같은 음식을 내지 않았다. 매번 새로운 음식을 제공하려고 노력했다. 때로는 맛이 없을 때도 있었다. 워낙 실험적이거나 조리과정에서 생각하지 못한 문제가 발생했을 경우였다. 대부분의 경우는 내가 만든 음식들을 엄청 잘 먹었다.

일요일 저녁이면 사무실 테이블에 내놓을 다과를 만들었다. 처음에는 스콘으로 시작했다. 5주 동안 스콘만 만들었다. 처음 만든 스콘은 형편없었다. 사무실에 내놓으면 모두가 관심을 가지고 달려들지만 금세 다이어트를 한다며 돌아섰다. 다섯 번째 만든 스콘은 테이블에 올려놓자마자 품절이 되었다. 그 사이 엄청나게 실력이 향상된 것이다. 그 외에도 홍차를 발효시킨 콤부차, 오미자차, 브라우니, 떡 등 디저트가 될 만한 것은 죄다 만들었다. 이제는 레시피를 대충 보고 만들어도 꽤나 먹을 만하다.

매주 음식을 만드는 것은 사실 피곤한 일이다. 그렇지만 성장하는 내 모습을 볼 수 있다. 무엇인가를 꾸준히 하는 것은 시간이 꽤나 지난 뒤에는 성장의 열매를 획득할 수 있다. 기타를 한두 달 친다고 멋지게 연주를 할 수 없다. 최소 6개월은 기타를 만져야 손가락 끝에 굳은살이 생긴다.

테니스를 한두 달 배운다고 해서 실력이 늘지 않는다. 일 년 이상은 연습해야 테니스를 칠 만하다. 하물며 요리라고 다를까. 김치도 몇 번의 실패를 겪어야 제대로 된 김치를 만들 수 있다.

그런데 이 몇 번, 몇 달, 몇 년의 시간을 견디는 것은 쉽지 않다. 이를 극복할 수 있는 방법이 '공언'을 하는 것이다. 공언은 주위에 공공연하게 약속을 하는 것이다. '지금부터 매주 디저트를 만들겠어요!', '일 년 동안 테니스를 배울 거예요!', '다이어트를 시작했어요', '이제 절대로 과자는 먹지 않을 거예요!' 주변 사람들에게 선언을 하는 순간 부담이 생긴다. 나는 이를 '거룩한 부담감'이라 부른다. 거룩한 부담감은 스스로에게 의무를 부과한다. 이 의무는 연습을 낳게 되고 연습은 결국 스스로 성장하게 만든다.

다른 사람을 위해 음식을 준비하는 것은 내가 잘할 수 있고 좋아하는 섬김이다. 맛있는 음식을 먹는 것은 누구나 좋아한다. 음식을 매개로 서로 이야기를 나눌 수 있고 웃고 즐긴다. 매주 음식을 만드는 것은 결국 다른 사람을 위하여 시도한 것이지만 결국 요리 실력의 성장을 가져왔다.

이처럼 선한 영향력은 결국 나 자신을 성장시킨다. 성장을 목적으로 선함을 행하지 않았지만 결론적으로 선한 영향력은 성장을 촉진한다. 성장은 선한 영향력을 행사하면 덤으로 얻는 선물이다. 밑지는 셈 치고 한번 실천해보자. 누구나 자신이 가진 재능이 있을 것이다. 아까운 재능을 썩히지 말고 주변 사람들과 나누어보자. 상상하지도 못한 놀라운 일들이 생길 것이다.

5

사명과 비전을 갖다

사전적 정의로 보면 사명은 '맡겨진 임무'이다. 영어로는 Mission인데, 영영사전에는 'any important task or duty that is assigned, allotted, or self-imposed(어떤 중요한 임무나 의무)'로 나와 있다. 나는 사명을 아래와 같이 정의한다.

사명 : 내가 존재하는 이유

사명이 있는 삶은 내가 존재하는 이유를 아는 것이다. 사명이 있는 사람은 어떤 어려움에 처해도 극복할 수 있는 힘이 생긴다. 스스로 존재하는 이유를 알기 때문이다. 스스로 생을 마감하는 안타까운 사람들이 있다. 어쩌면 자신의 존재 이유를 생각해보지 않은 사람이지 않을까.

사명이 있는 사람은 쉽게 삶을 포기하지 않는다. 왜 살아야 하는지 알기 때문이다.

많은 사람들이 사명을 생각하지 않고 살아간다. 나 또한 사명 따위는 전혀 생각하지 않고 살았다. 인생은 정해져 있다는 운명론을 믿지는 않았지만 되는대로 살아왔던 것이다. 바인더를 제대로 배우기 시작하며 사명을 고민하기 시작했다. 2015년 겨울, 처음으로 나의 사명이 만들어졌다.

나의 사명은 레스토랑 사업을 통해 연매출 1,000억의 부자가 되는 것이다.

부자가 되는 것을 나의 존재 이유로 삼았다. 요식업은 내가 하고 싶은 사업이기 때문에 사명을 이루기 위한 비전으로 정하였다. 이런 사명을 가지고 2년을 지냈다. 그러다 우연한 계기로 사명이 바뀌었다.

앞에서도 언급했듯이 하형록 회장과 관련된 영상을 찾아보다 운전하는 중에 번쩍 떠올랐다. 나의 진짜 사명이 탄생한 순간이었다.

I exist to help those in need.
나는 도움이 필요한 사람들을 돕기 위해 존재한다.

나 하나 잘 살자는 목표에서 다른 사람을 돕기 위해 열심히 살겠다는 새로운 목표가 생겼다. 부자가 되기 위해서 사는 삶과 남을 돕기 위해 사는 삶은 분명히 다르다. 부자가 되는 것은 근본에 욕심과 경쟁논리가 깔려 있다. 반면에 다른 이들을 돕기 위해 사는 삶은 부자가 되는 것과 반대된다. 부자가 되어야 하지만 이는 다른 사람을 돕기 위해서인 것이다. 부자가 되는 것이 목표가 아니라 부자가 되는 것은 남을 돕기 위한 방법이다. 쌓은 부를 통해 다른 이들을 돕는 것이다. 부자가 되는 과정 또한 다른 이들을 도우면서 성장하게 된다. 부를 축적하면서 남을 돕고, 남을 도우며 부를 축적한다. 생각을 전환함으로써 대단한 통찰이 생긴 것이다.

남을 돕는다는 것에 거부감을 느끼는 사람이 있을 것이다. 나 또한 기부에 굉장히 인색한 사람 중에 한 명이기도 하다. 여기서 돕는다는 것은 무조건적인 관용이 아니다. 돕는 것에도 다양한 방법이 있다. 그 방법이 바로 '비전'이다.

'비전'은 사전적 의미로 '내다보이는 장래의 상황'이다. 영어로는 'the act or power of anticipating that which will or may come to be(미래에 일어날 것으로 예상되는 행동이나 힘)'이다. 나는 비전을 이렇게 정의한다.

비전은 사명을 완수하기 위한 방법이다.

사명은 아주 큰 목표이기 때문에 사명을 완수하기 위한 보다 구체적인 방법을 생각해야 한다. 비전이 사명을 이루기 위한 구체적인 방법이 된다. 비전의 하위목표는 꿈 리스트에 적힐 것이고, 꿈 리스트의 하위목표는 올해목표에 있을 것이다. 올해목표의 하위목표는 주간목표와 일일목표로 구체화 되어 매일 매일의 삶 속에서 꿈과 목표, 사명과 비전을 완수하기 위해 사는 삶이 된다. 이것이 바로 '삶을 정렬'하는 것이다. 때문에 비전이 있는 사람은 지루하거나 무료할 틈이 없다. 하루하루를 살아가는 것이 알차고 행복하다.

사명을 완성한 뒤 비전을 다시 정하였다. 기존의 비전은 레스토랑 사업을 하겠다는 것이었다. 부자가 되기 위해 요식업을 하겠다고 했었다. 사명을 새로 정하고, 그에 맞게 비전도 아래와 같이 수정하였다.

나의 비전은 3B(Binder, Book, Bible)로 성장을 돕고,
사업을 통해 직원들과 이웃에게 행복과 기쁨을 전하는 것이다.

비전에는 대상과 방법이 동시에 담겨져 있어야 한다. 먼저 비전을 이룰 대상을 설정한다. 이것은 중요하다. 세상 모든 사람을 도울 방법은 없다. 모두를 만족시키는 것은 모두를 만족시키지 못하는 것일 수도 있다. 키즈 카페는 데이트 하는 젊은 사람들을 만족시킬 수 없고, 놀이공원은 할아버지를 만족시키기 어렵다. 스타벅스는 젊은 사람들을 주 고객으로 하고 나이키는 운동을 좋아하는 사람들을 대상으로 신발을 판매한다.

사람들을 돕기 위한 방법은 아주 많다. 나는 사명을 완수하기 방법으로 3B와 사업을 택하였다. 내가 좋아하고 잘할 수 있는 방법으로 사명을 완수하는 것이다. 일을 하는 것이 곧 나의 비전이고, 이는 자동적으로 나의 존재 이유인 사명과 연결되면 그것은 굉장한 축복이다. 따라서 다음과 같은 공식이 성립한다.

일 ≤ 비전 ≤ 사명

일을 하는 것은 비전을 성취하는 것이다. 일을 하는 것은 곧 사명을 완수하는 것이다. 따라서 사명과 비전을 제대로 정하고 그에 따라 하루하루를 살아가는 삶은 행복으로 가득 차 있을 것이다.

우리는 적어도 하루에 8시간, 일주일에 40시간 이상을 직장에서 보낸다. 일을 하는 것이 단지 돈을 벌기 위해 어쩔 수 없이 해야 하는 선택이라면 직장으로 출근하는 삶이 얼마나 큰 불행인가. 경영의 신으로 불리는 이나모리 가즈오는 《왜 일하는가》에서 일을 하는 이유를 '성장'이라고 하였다. 다만 이 성장은 개인이 직장에서 일을 하는 매순간 스스로 찾아야 한다. 고민해야 한다. 어떻게 성장하고 있는지, 앞으로 어떻게 성장할 수 있는지 생각하지 않으면 성장은 없다. 나는 위의 공식에 성장을 추가하고 싶다.

일 ≤ 성장 ≤ 비전 ≤ 사명

우리가 일을 하는 것은 곧 성장이자 비전을 이루기 위한 것이다. 오늘 내가 하는 일은 결국 나의 존재 이유와 맞닿아 있다. 매일매일 직장에서 하는 일이 결국에는 자신의 사명을 이루는 것이 된다. 반대로 사명을 이루기 위해 비전이 있고, 비전을 달성하기 위해 일을 한다. 또한 그 와중에 성장이 일어난다.

각자 사명과 비전을 정해보자. 내가 이 땅에 왜 존재하는지 알고, 어떻게 살아야 하는지 그 방법을 알게 될 것이다.

Part 5

내 삶의 변화들

1

자존감 낮은 아이

　초등학교 2학년 때 어머니와 아버지가 이혼을 하였다. 주변 사람들 말로는 아버지에게 새 여자가 생겼다고 했다. 아버지는 평범한 은행원이었다. 대출을 담당하고 있었다. 그 덕에 아버지는 사업을 하는 사람들과 가깝게 지냈고, 그러다 한 여자와 눈이 맞았다. 그 여자와 선풍기 사업을 하다가 쫄딱 말아먹고 부도를 냈다.

　어머니는 이런 아버지를 보고도 이혼만은 하기 싫었다고 한다. 두 아들이 눈에 밟혔을까. 이혼을 하기 전 나는 하동에 있는 할아버지 집에 맡겨졌고, 동생은 아버지를 따라 청주에 가서 살게 되었다. 이렇게 우리 가족은 생이별을 했다.

　가정주부로 10년을 살아온 어머니는 처음으로 일터로 나가게 되었다. 계절이 몇 번 바뀌고 나와 동생은 어머니에게 돌아갔다. 아버지는 어머니가 살고 있는 집 대문 앞에 나와 동생을 내려줬다. 그리고 아버지는 떠났다. 동생과 나는 검정색 대문 앞에 덩그러니 서있었다. 한참이 지나고 어머니가 나왔다. 아버지가 전화를 한 모양이다. 그렇게 세 가족이 살게 되었다. 아주 초라한 단칸방이었다. 심지어 화장실도 집 밖에 따로 있었다. 어머니는 아버지에게 전화를 했다. 어머니는 아버지와 통화를 하며 서럽게 울었다. 아마도 이 아이들을 혼자 키울 생각에 막막했던 것 같다.

세 식구의 삶은 힘겨웠다. 어머니는 레스토랑에서 일을 했다. 밤 9시가 넘어서야 집에 왔다. 동생과 나는 둘이서 저녁을 해결해야 했다. 나는 요리를 담당했다. 초등학교 2학년짜리 사내 아이가 가스렌지를 다룰 줄 알았다. 라면은 단골 메뉴였다. 물을 끓여 라면과 스프만 넣으면 되니 너무나 쉬웠다. 간혹 어머니가 만들어 놓은 함박스테이크도 구워먹곤 했다. 프라이팬에 기름을 두르고 굽기만 하면 된다. 케첩만 뿌리면 세상에서 제일 맛있는 반찬이었다. 돈가스도, 용가리 치킨도 구워 먹었다. 음식을 하는 것이 귀찮아지면 어머니가 일하는 레스토랑으로 전화를 했다. 어머니가 전화를 받을 때도 있었지만 주로 다른 사람이 전화를 받았다.

"이모 저 경섭인데요. 저희 엄마 있어요?"

"그래, 잠깐만."

"아들, 왜?"

"엄마 오늘 짬뽕 시켜먹으면 안 돼?"

요리가 하기 싫은 날이면 특식으로 짬뽕을 먹었다. 가끔은 처갓집 양념 통닭을 시켜 먹기도 했다. 외상이었다. 돈은 어머니가 다음 날 지불했다.

음식은 그렇다 치고 제일 힘겨운 것은 화장실 가는 일이었다. 화장실은 집 밖에 따로 있었다. 더군다나 발을 잘못 디디면 똥통 안으로 몸이 빠질 수도 있는 재래식 화장실이었다. 냄새는 기본에 구더기가 가득했다. 밤에는 혼자 화장실 가기가 무서워 동생과 함께 다녔다. 한 명이 밖에서 전등을 들고 보초를 서야 무섭지 않다. "히야(형) 밖에 있나?" 동생은 화장실 안에서 나를 불렀다. 동생을 골탕 먹인다고 대답하지 않을 때도 있었다. 물론 전세가 역전될 때도 있었다. 나 또한 화장실을 갔어야 했고 똑같이 무서웠다.

비가 억수같이 쏟아지는 날에는 부엌에 물이 차올랐다. 다행히 부엌은 방에서 붙어있는 낮은 공간에 있어서 방으로 빗물이 들어오지는 않았다. 물이 차오르는 날에는 어쩔 수 없이 음식을 시켜먹어야 했다. 음식을 먹는 내내 마음이 불안했다. 저 물이 방으로 들어오지는 않을지 걱정이 됐다.

단칸방 생활이 가장 나쁜 줄 알았더니 더 열악한 곳도 있었다. 단칸방에서 얼마간 지낸 뒤 친구네 지하실에서 살게 되었다. 반지하가 아닌 말 그대로 지하 창고였다. 달랑 노란 백열등 한 개 있는 창고에서 스티로폼을 바닥에 깔고 전기장판에 의지해 버틴 겨울이었다. 씻는 것도 밥 하는 것도 힘든 공간이었다. 뜨거운 물에 샤워는 엄두도 내지 못했다. 씻을 때마다 어머니가 물을 끓였다. 얼음장 같이 찬물에 펄펄 끓는 물을 부어 따뜻한 물을 만들었다.

겨울을 버티고 봄이 되어 방이 2개나 있는 집으로 이사를 했다. "넓은 집에 사니까 좋지?" 이모부가 한 말이다. 10평이나 되었을까. 여전히 좁은 집이지만 너무나 좋았다. 처음으로 화장실이 집 안에 있었다. 그 무렵 어머니는 레스토랑 사장이 되었다. 대구교육대학교 앞에 있는 우체국 빌

딩 지하에서 첫 장사를 시작했다. IMF가 오기 전까지 레스토랑 장사를 통해 제법 돈을 모을 수 있었다, 아파트도 한 채 장만하였다. 중학교 3학년이 되자 아파트에 살게 되었다. 방이 무려 3개에 거실도 있었다.

신학기가 되면 선생님은 어김없이 눈을 감고 책상에 엎드리라고 했다. 내가 가장 싫어하는 시간이다. '결손가정'을 조사하는 것이다. "집에 아버지가 없는 사람?" 손을 드는 팔이 왜 이렇게 무거운 것일까. 팔에 깁스를 한 것처럼 돌덩이 같은 손을 들어올렸다. 너무 부끄러웠다. 새 학년이 될 때마다 반복되는 일이었다. 학년이 올라가는 것이 가장 싫었다. 친구들에게는 아버지가 멀리 일을 하러 갔다고 거짓말을 했다. 아버지가 죽었다면 차라리 마음이 편했을 것이었다. 거짓말을 하지 않아도 되니 말이다. 가난보다 더 부끄러운 일이 아버지와 어머니가 이혼을 한 것이었다.

고등학교 2학년이 되어서야 이혼 가정에서 자랐다고 말할 수 있었다. 변화의 시작은 한 사람의 관심에서 시작되었다. 고등학교 1학년 담임이었던 임재관 선생님은 나를 지극정성으로 챙겨주었다. 선생님이 주말 당직을 설 때마다 나를 학교로 불러내어 공부를 시켰다. 물론 나는 도서관 구석에서 담배를 피우거나 책상에 엎드려 꿀잠을 잤다. 그럼에도 선생님은 사랑과 관심을 주었다. 세상에 나를 지지해주는 단 한 명의 사람이 있으면 세상을 살아가는 이유가 생긴다고 한다. 내 인생에서 처음으로 누군가에게 관심과 사랑을 받기 시작했다.

지금은 아무런 부끄럼 없이 '나는 이혼가정에서 자랐습니다'라고 말할 수 있다. 어릴 때 힘겹게 자란 이야기를 감정에 동요되지 않고 이야기할 수 있다. 어머니 성을 따라 김경섭에서 노경섭으로 개명을 한 것도, 외할

아버지의 양자로 호적을 바꾼 것도 마찬가지다. 자존감이 굉장히 많이 성장했기 때문이다. 무엇이 나를 이렇게도 많이 바꾸었을까.

　자존감을 높이는 두 가지 방법이 있다. 첫째는 주변으로부터 받는 인정이다. 학창 시절에는 나를 지극히 염려해주는 선생님의 관심을 받았다. 나는 40명 중의 한 사람이 아니라 언제나 '특별한 경섭이'로 대접을 받았다. 대구교육대학에 입학했을 때는 과외 선생님으로서 대접을 받았다. 학부모나 과외 학생은 언제나 나를 깍듯이 대해주었다. 친구들 또한 나를 특별하게 대해 주었다. 몸에 꼭 달라붙는 쫄쫄이를 입고 산악자전거를 타고 다녔다. 나는 복장 자체로만으로도 특별한 사람이었다. 그런데 주변으로부터 받는 인정은 다른 사람들로부터 갖는 자존감이다. 나를 대접해 주는 사람들이 사라지면 자존감은 다시 낮아진다.

　자존감을 높이는 두 번째 방법은 스스로 갖는 자존감이다. 진정한 자존감은 스스로에 대한 자부심을 가질 때이다. 나 자신을 사랑해야 자존감이 높아진다. 나를 사랑하려면 스스로 괜찮은 사람이 되어야 한다.

　진정으로 자존감이 높아진 것은 바인더를 배운 뒤부터였다. 주변에서 바인더를 쓰는 사람을 찾기가 힘들었다. 바인더를 이용해 자신의 꿈과 목표를 관리할 수 있는데, 아무도 하지 않는 것이 신기할 정도였다. 이렇게 좋은 방법을 혼자 하고 있다는 것이 자랑스러웠다. 꿈과 목표를 관리하기 시작하면서 삶이 변하는 것도 느낄 수 있었다. 점점 성장하고 자라났다. 콩나물시루에 물주는 것처럼 당장은 보이지 않아도 시간이 지나면서 느낄 수 있었다. 시루에 부은 물은 모두 밑으로 내려가지만 콩나물이 훌쩍 자라는 것처럼 성장했다.

이혼과 가난은 내 삶에 큰 영향을 미쳤다. 자존감이 낮았고 자신감도 없었다. 이런 결핍은 다행이도 치열함을 선물로 주었다. 이를 악물고 허투루 살지 않았다. 지금의 모습으로 성장하는 데 마중물이 되었다.

아무리 사회가 서구화되었다고 하지만 아직까지 이혼을 당당히 밝히고 다닐 수 있는 문화는 아닌 것 같다. 여전히 수군거림을 느끼며 살아간다. 이혼 가정에서 자란 아이는 자신 있게 부모의 이혼 사실을 말하지 못한다. 나는 내 삶을 통해 이혼 가정에서 자란 사람들에게 용기와 희망을 주고 싶다.

영화 〈굿윌헌팅Good Will Hunting〉에는 알코올중독자 아버지 밑에서 자란 윌 헌팅이라는 친구가 나온다. 윌은 타고난 천재였다. MIT의 교수들도 풀지 못하는 문제를 별 고민 없이 금세 풀어버린다. 세상은 공평하다고 했던가. 윌은 그의 능력을 활용하기는커녕 매번 큰 문제를 일으킨다. 그에게는 알코올중독자 아버지에게 폭행을 당하며 살아왔던 어린시절이 있었다. 심리학자인 숀 맥과이어 교수는 윌에게 이렇게 말한다.

"That's not your fault." "네 잘못이 아니야."
"That's not your fault." "그건 네 잘못이 아니야."

그렇다. 부모의 이혼은 내 잘못이 아니다. 누구의 잘못도 아니다. 부모 탓만 하며 힘들게 자라온 어린 시절을 언제까지 탓하고만 지낼 수 없다.

과거에 머무르면 성장할 수 없다. 스스로 자존감을 키워야했다. 바인더와 함께 꿈과 종이에 적고 목표를 관리했다. 매주 한 권 이상의 책을 읽고 실천하였다. B&B 통해 다른 사람들에게 선한 영향력을 미치는 삶을 살아보려 노력한다. 나는 B&B와 함께 새로운 삶을 살고 있다.

2

핑크펭귄 이야기

핑크펭귄을 본 적 있는가? 간혹 돌고래는 핑크색이 있다고 해도 핑크색 펭귄을 본 적이 있다는 이야기는 들어본 적이 없을 것이다. 그런데 나는 여럿의 핑크펭귄을 보았다.

핑크색을 가진 사람도 있다. 핑크색 피부를 가진 것이 아니라 그 사람 하면 떠오르는 이미지가 특별하기 때문이다. 세상에는 두 종류의 사람이 있다. 수많은 사람 중 한 명(One of them)과 특별한 한 명(Only one)이다. One of them은 특별할 것 없는 사람이다. 언제나 다른 사람으로 대체 가능하다. 톱니바퀴 중 하나에 불과하다. 세상에는 엄청나게 많은 요리사가 있다. 그러나 백종원 씨와 같이 제대로 컨설팅을 해줄 수 있는 사람은 극히 소수다. 많은 앵커가 있지만 손석희 씨처럼 방송을 할 수 있는 사람은 단 한 명이다. 백종원 씨나 손석희 씨와 같이 대체불가능한 사람이 Only one이다. 대체가능한 사람은 정리해고 대상 1순위다. 대개의 노동자들이 그렇다. 정리해고 이야기만 나오면 불안해진다. 인간의 일자리가 로봇으로 대체되고 있는 세상이다. 이제는 One of them이 아닌 핑크펭귄, 즉 Only one이 되어야 한다.

빌 비숍Bill Bishop은 《핑크펭귄》에서 '평범하면 까인다! 묻히면 죽는다!'고 이야기한다. 세상은 호시탐탐 기회를 노리고 있다. 나를 더 싸고 질 좋은 사람으로 대체하려고 한다. 자신만의 무기가 없으면 이목을 끌 수 없다. 살아남기에 급급하여 주어진 일만 최선을 다하고 있는가. 그렇다면 잠시 펜을 내려놓고 자신을 점검해 보아야 한다.

핑크펭귄이 되려면 어떻게 해야 하는가? 전문가가 되어야 한다. 이때 전문가는 전문 직종을 의미하지 않는다. 의사라고 핑크펭귄이 되는 것이 아니라 의사 중에서도 나만의 무기가 있는 사람이 핑크펭귄이 되는 것이다. 총을 잘 쏘는 군인이 핑크펭귄은 아니다. 그것은 군인이면 응당 갖추어야 할 조건이다. 핑크색 군인은 누구나 총을 잘 쏠 수 있도록 너무 쉽게 교육할 수 있는 사람이다. 맛있는 음식을 만드는 레시피를 알고 있는 사람이 핑크색 요리사가 되는 것은 아니다. 초보자도 조금만 배우면 대박 맛집의 사장님으로 만들어 주는 사람이 핑크펭귄이다.

핑크펭귄이 되는 조건은 다음의 세 가지다.
첫째, 남들이 하지 않는 일을 해야 한다.
둘째, 남들에게 도움이 되어야 한다.
셋째, 남들에게 알려줄 수 있어야 한다.

첫째는 남들이 하지 않는 일을 해야 한다. 허드렛일을 하라는 것이 아니라 남들이 쉽게 할 수 없는 일을 해야 한다. 공군에는 많은 수의 인사 교육 장교가 있다. 그러나 그들 모두가 바인더 강의를 통해 꿈과 목표를 관리하지 않는다. 수많은 항공기 정비사가 있다. TO^{Tactical Order, 기술도서}에 나오는 대로 정비할 수 있는 것은 정비사라면 누구나 할 수 있는 일이다. 그러나 정비방법을 개선할 수 있는 정비사는 극히 드물다. 요리사가 몇 명인지도 모를 만큼 많지만, 요리에 관한 전문적인 지식을 책으로 쓴 사람은 1%도 안 된다.

이처럼 각자 자신이 맡은 분야에서 독보적인 무엇인가를 가져야 한다. 내가 알고 있는 사람 중에 한 명의 핑크펭귄을 소개하고자 한다. 바로 《글쓰는 경찰》과 《나는 오늘도 제복을 입는다》를 쓴 황미옥 작가이다. 본업은 경찰이다. 부산에서 11년째 경찰로 근무하고 있는 한 아이의 엄마이자 한 남자의 아내이기도 하다. 그녀는 《어메이징 땡큐 다이어리》(공저)를 포함하여 3권의 책을 쓴 작가이다. 경찰로 근무하며 책을 집필한 사람은 드물다. 《검사내전》을 집필한 김웅 작가도 마찬가지다. 20년 가까이 검사로 일하며 평범한 검사의 일상을 사람들에게 알려주었다. 굳이 하지 않아도 되는 일을 하는 사람, 그렇지만 값어치 있는 일을 하는 사람, 그들이 바로 핑크펭귄이다.

둘째는 남들에게 도움이 되어야 한다. 앞서 소개한 두 명의 작가가 집필한 책 모두의 공통점이 있다. 같은 직업을 함께 하는 후배들에게 도움이 되고 대중의 궁금증을 해소해 준다. 검사와 경찰의 삶은 대중에게 잘 알려져 있지 않다. 가까운 지인이 없으면 모를 일이다. 감사와 경찰을 꿈꾸는 사람들도 이 책을 통해 그들의 현실을 공유할 수 있다. 동료들에게는 동기부여와 공감을 준다.

나의 바인더 강의가 사람들에게 도움이 되지 않는다면 그것이 쓸모 있을까? 바인더가 그들의 삶에 꿈과 희망을 주고 더 나은 삶을 보장하기에 사람들이 나를 찾는 것이다. 백종원 씨가 진행하던 인상적인 프로그램이 있다. 〈집밥 백선생〉과 〈골목식당〉이다. 〈집밥 백선생〉은 누구나 쉽고 맛있는 밥을 만들어 먹을 수 있게 도와주었다. 〈골목식당〉은 장사가 되지 않던 작은 식당들을 도와주는 프로그램으로, 요식업을 하는 자영업자들에게 큰 도움을 주었다. 이 프로그램이 인기 있는 이유는 유용하기 때문이다. 핑크펭귄은 다른 사람들에게 쓸모 있어야 한다.

셋째는 남들에게 알려줄 수 있어야 한다. 나만 알고 있는 지식은 성장에 한계가 있다. 공유하고 나누어야 성장한다. 주식도 혼자만 알고 있으면 주가가 오르지 않는다. 많은 사람들이 같은 종목을 사야만 주가가 오른다. 아주 중요한 것일수록 혼자만 알고 싶어한다. 하지만 오히려 이는 독이 된다. 지식은 전수되어야 값이 오른다. 핑크펭귄은 스스로 떠벌려서 빛나는 것이 아니라 다른 사람들이 핑크색으로 인정해줄 때 비로소 특별한 존재가 된다.

고려청자의 비극은 전수하지 않아서 생겼다. 고려청자만큼 뛰어난 자기를 만드는 기술은 아쉽게도 현재는 존재하지 않는다. 어느 날 '뚝' 하고 맥이 끊겼다. 몇 가지 가설이 있지만 그중 하나는 폐쇄적인 전수 문화와

과학적인 연구와 기록이 없었기 때문이다. 청자를 만드는 기술을 기록하고 그것을 후세들에게 교육하였다면 현재까지도 그 맥이 이어져 왔을 것이다. 안타깝기 그지없다. 이처럼 남들에게 알려줄 수 없는 지식은 사장되고 만다. 좋은 것은 혼자 알아야 좋은 것이 아니다. 함께 나눌 때 배가되고 위력을 발휘할 수 있다.

조직에서 핑크펭귄이 되려면 둘 중에 하나이다. 사고를 쳐서 모두에게 고통을 주는 악명으로 유명해지거나, 조직에 긍정적인 영향을 미치거나이다. 전자는 이야기할 필요도 없이 당연히 있어서는 안 되는 일이다. 후자의 경우에는 노력과 희생이 필요하다.

처음 바인더 강의를 시작하였을 때는 소수의 인원을 대상으로 했기 때문에 큰 노력이 들지 않았다. 바인더를 펼치기만 하면 바로 강의가 시작되었다. 그런데 인원이 점점 늘어나 대규모 인원을 대상으로 강의를 하며 강의 준비시간이 기하급수적으로 증가하였다. 한 번의 강의를 위해 며칠의 준비가 필요했다. 누구에게 불평할 수도 없었다. 스스로 자처하여 시작한 일이었기 때문이다.

바인더 강의는 입소문을 타고 점점 퍼졌다. 급기야 부대별 단체 강의 요청이 들어오고 윗분들도 개인적으로 바인더를 알려달라고 하였다. 바인더 강의는 한 번도 거절한 적이 없었다. 굳이 없는 시간도 만들어서 강의에 나섰다. 사명에 따른 삶을 살고 싶었다. 입소문은 금방 퍼져나갔다. 꾸준히 바인더 강의를 하면서 나를 알아보는 사람들이 늘어났다. '노경섭은 바인더 전문가'라는 공식이 자리 잡기 시작했다. 나는 그렇게 핑크펭귄이 되고 있었다.

　　3B를 하면서 핑크펭귄이 되어 가는 것을 느낄 수 있다. 나 혼자 잘살아 보겠다고 시작한 '바인더'였다. 나의 꿈과 목표를 이루는데 도움이 되고자 바인더를 배우기 시작했다. 그런 바인더를 통해 다른 사람들의 꿈과 목표를 관리할 수 있도록 도와줄 수 있게 되었다. '책'을 읽으며 무한한 성장을 할 수 있는 방법을 알게 되었다. 이는 선순환을 가져왔다. 책으로 습득한 지식을 다른 사람에게 알려주게 되고 사람들은 나를 전문가로 인식하였다. 지식을 나누는 것은 곧 '선한 영향력'을 행사하는 것이다. 바인더와 책을 통한 성장을 다른 사람들과 함께 하면서 더 큰 성장이 찾아왔다.

3

함께 가야 멀리 간다

산 중턱에서 보는 풍경과 산 정상에서 보는 풍경은 다르다. 수원기지에서 군종장교로 근무했던 스님이 전역을 하고 북한산 꼭대기에 위치한 암자에서 수양을 하고 있었다. 마침 기회가 되어 스님을 만나러 북한산에 올랐다. 정상까지는 한 시간 반 정도면 도착할 수 있다. 그리 길지 않은 시간이지만 경사가 가팔라 두세 번은 쉬어야 꼭대기까지 다다를 수 있다. 중간 중간 쉬면서 산 아래를 바라보면 실망을 하게 된다. 나무가 우거져 있어 경치가 잘 보이지 않는데다 기껏 보이는 것이라고는 북한산 바로 아랫동네의 집들 밖에 없다. 겨우 이 경치를 보자고 이 힘든 길을 올랐나 싶은 생각이 든다. 게다가 정상에 가까울수록 경사는 점점 더 높아진다. 계단이 있다고는 하지만 여간 힘든 것이 아니다. 습한 날씨와 높은 온도는 몸을 더욱 지치게 만든다.

역시 고생 끝에 낙이 있다. 북한산은 고생을 한 번에 날려줄 경치를 선물해준다. 암자가 위치한 산 정상에 오른 순간 탄성이 절로 나왔다. 서울이 한 눈에 들어오기 때문이다. 왼편으로는 잠실에 있는 롯데월드타워, 우측으로는 남산타워가 보인다. 저 멀리 강남대로도 뻥 뚫린 것처럼 훤히 보인다. 이 경치는 고통을 딛고 정상에 가지 않으면 볼 수가 없다.

어느 수준이 되어야만 만날 수 있는 것들이 있다. 경치도 수준에 따라 바라보는 것이 다르다. 강남 한복판에서 볼 수 있는 것이라고는 북적대는 사람과 자동차, 빌딩 숲에 둘러싸인 모습이다. 반면 북한산 정상에서는 서울의 모든 경치를 발아래에 놓을 수 있다.

사람도 마찬가지다. 수준에 따라 만나는 사람들이 달라진다. 나보다 수준 높은 사람들은 나와 어울리지 않는다. 나조차 그들과 어울리기 힘들다는 것을 알고 있다. 그들과 나의 삶이 다르고 그에 따라 대화 주제가 완전히 상이하기 때문이다. 아이돌 그룹에 한창 빠져 있는 사춘기 소녀와 야근을 밥 먹듯이 하는 대기업 직장인이 같이 대화하기 어려운 것은 당연하다.

3B로 성장을 하며 주변에 있는 사람들이 점차 달라지기 시작하였다. 바인더와 책을 주변 사람들에게 알려주기 시작하면서 서로 좋은 영향력을 주고받을 수 있는 사람들이 생겨나기 시작했다. 나의 수준이 달라지니 주변에 있는 사람들도 달라졌다. 도움이 필요하면 언제든 주변에 자문을 구할 수 있는 사람들이 생겨났다.

'빨리 가려면 혼자 가라. 멀리 가려거든 함께 가라.'

너무나 유명한 말이다. 처음 바인더를 배울 때 만난 인연들이 있다. 모두가 가진 것 하나 없이 꿈만 가지고 있던 시절이었다. 꿈은 있는데 꿈을 어떻게 이뤄나가야 할지 몰랐다. 맹목적인 자신감만 있었다. '잘 되겠지' 하는 마음 말이다. 구체적인 방법은 알지 못했다. 말 그대로 꿈만 있었다. 막막한 그때 바인더를 만났다.

바인더는 꿈만 있는 사람들에게 꿈을 어떻게 이루어 나갈지 알려주는 나침반과 같은 역할을 한다. 바인더 강의를 듣고 난 후 열정에 불타올랐다. 그러나 그 불씨는 오래가지 않는다. 점점 흐지부지 된다. 이처럼 실천과 앎은 다른 문제다. 건강한 몸을 만드는 법은 아주 간단하다. 충분한 영양섭취와 휴식, 그리고 적절한 근력운동을 하는 것이다. 영양섭취와 휴식은 어떻게든 한다고 쳐도 운동을 하는 것은 여간 쉬운 일이 아니다. 일단 헬스장을 가는 것부터가 큰 도전이다. '내일 가야지'라는 마음이 하루에도 수십 번 든다. 이때 헬스장을 함께 가는 친구가 있으면 헬스장 가는 것이 한결 쉬워진다. 서로 의지하기 때문이다.

바인더 또한 마찬가지다. 바인더를 쓰면 좋다는 것은 알고 있다. 그러나 막상 바인더를 쓰지 않는 나 자신을 발견한다. 이때 바인더를 함께 할 동료들이 있으면 큰 도움이 된다. 나는 셀프리더십 코치과정을 하며 바인더 동료들을 만날 수 있었다. 6명의 사람들이 매일 자신이 쓴 바인더 사진을 찍어 올렸다. 두 달 동안 바인더에 기록하는 내용을 공유했다. 카카오톡에 올라오는 다른 사람들의 바인더를 보고 자극을 받았다. 바인더를 쓰기 귀찮은 날도 있었다. 그러나 이들에게 부끄럽지 않기 위해 바인더를 펴고 펜을 들었다. 나 또한 다른 이들에게 자극을 주었을 것이다. 누군가는 내가 올린 기록을 보고 자신의 바인더를 펼쳤을 것이다. 이것이 교학상장教學相長이다. 서로 배우고 가르치는 것이다.

책을 통해 만난 동료 중에 최고는 아내를 만난 것이다. 아내도 바인더를 쓰고 있었고 책을 통해 성장하고 싶은 욕구가 굉장히 높았다. 아내와 나는 연애기간 대부분을 카페에서 책 읽고 토론하며 데이트를 즐겼다. 결혼한 지금도 특별한 데이트보다 카페에서 책을 읽고 함께 이야기를 나누는 것이 최고의 데이트라고 생각한다. 대부분의 사람들은 특별한 장소에 가고 맛있는 레스토랑에 가는 것을 좋아하겠지만, 아내와 나는 그런 것에는 크게 흥미가 없는 사람들이다. 아내를 만난 것은 참으로 축복이다. 독서모임에서 만나지 않았다면 평생 혼자 살아가고 있을지도 모르겠다.

책을 통해서 멘토들도 만나게 되었다. 특히나 앞으로 사업을 하겠다는 나의 꿈을 응원해주는 스승들을 많이 만날 수 있었다. 《생각의 비밀》의 저자이자 〈Snow Fox〉라는 도시락 회사를 운영하는 김승호 회장, 《파리에서 도시락을 파는 여자》의 저자이자 마찬가지로 유럽에서 도시락 회사를 경영하는 Kelly Choi 회장, 요식업의 본질을 알려주는 백종원 대표, 《장사는 전략이다》를 쓴 김유진 대표, 매뉴얼의 힘을 알려준 조성민 대표 등 너무나 많은 스승들을 만날 수 있었다. 사업의 선배뿐만 아니다. 독서 방법을 알려주는 스승, 건강에 대해 조언해주는 스승, 인간관계를 알려주는 멘토, 운동하는 방법을 알려주는 트레이너 등 모든 분야의 멘토를 만날 수 있었다.

그리고 함께 책 읽는 동료들이 생겨났다. 한 달에 한 번씩 모이는 독서모임 동료들이다. 자신만의 분야에서 성공가도를 달리고 있는 사람들이 한 권씩 책을 읽고 모인다. 읽은 책의 주요내용을 나누고 각각의 관점에서 토론하고 아이디어를 공유한다. 한 달에 한 번 정기적으로 모임을 가지지 않는다면 한 달에 한 권 읽기도 벅찰지 모른다. 독서모임이라는 형식을 통해 약간의 의무와 부담을 가지고 만나게 되니 자연스럽게 책을 읽게 된다.

'바이블'로 만난 사람들도 큰 힘이 되는 동료들이다. 아내와 결혼하기 전 7주간 '예비부부의 삶'을 진행해준 목사님 부부는 결혼생활의 든든한 버팀목이 되어주고 있다. 목사님 부부는 이 과정을 통하여 어떻게 하면 행복한 부부관계를 만들어 나갈 수 있는지 알려주었다. 우리 부부에게 선한 영향력을 미치는 본을 보여주었다. 이외에도 신앙을 갖게 해준 미국 달라스에서 만난 이우철 목사님, 삶에 비전을 세워준 하형록 회장은 나의 성장에 큰 영향을 미쳤다. 하형록 회장은 건축회사의 회장이자 동시에 목사이기도 하다.

삶의 지혜가 필요할 때 조언을 구하는 스님들도 든든하다. 풀리지 않는 고민이 있을 때마다 인터넷으로 〈법륜스님의 즉문즉설〉을 찾아본다. 직접 만나 질문을 하지 않아도 고민을 해결할 수 있다. 이마저도 여의치 않으면 직접 스님에게 전화를 해서 물어볼 수 있다. 수원기지에서 만나 인연을 이어오고 있는 무공스님은 유쾌하고도 깊이 있는 답변을 준다.

나 혼자 성장하려고 했다면 아마 지금까지 달려오지 못 했을 것이다. 빨리 가려고 하다 제풀에 지쳐 낙오했을지도 모른다. 우리의 인생은 빨리 가는 것이 목적이 아니라 멀리 가는 것이 되어야 한다.

동료들을 만드는 방법은 주고받는 관계일 때만 가능하다. 일방적으로 받는 관계는 지속될 수 없다. 식당에서 계산할 때 뒤로 꽁무니를 빼는 사람이 있다. 돈 몇 푼 아끼려다 사람을 잃는다. 먼저 주면 주변에 사람들이 생긴다. 성장은 함께할 때 지속될 수 있다.

4

두려움 극복하기

　교대에 들어간 이유, 그리고 군인으로 복무하게 된 것은 최고는 아니지만 최선의 결정이었다. CIA에 들어가기 위해 안정적인 직장이 필요했고, 그러려면 대학을 졸업해야 하는데, 학비가 저렴하고 졸업 후 취업이 잘 보장된 교대를 선택했다. 교대를 졸업한 대부분의 친구들은 교사가 되었지만 나는 군인이 되었다. 주변에서 가끔 묻는다. 교대를 졸업했는데 왜 군인이 되었냐고. 거창한 이유가 있을 것 같지만 사실은 간단하다. 임용고시에 떨어졌기 때문이다. 대학교 4학년 때 임용고시를 쳤고, 떨어졌다. 그 뒤 의무복무를 마치려고 들어왔던 공군에 말뚝을 박았다. 임용고시 공부가 너무 싫었다. 임용고시 공부의 대부분은 맹목적인 암기다. 무조건 외워야만 하는 암기과목을 지독히도 싫어하는 까닭에 일찍이 임용고시를 포기했다. 전역 후에 취업을 해도 되지만 공군 장교의 삶은 생각보다 괜찮았다. 보고 배울 몇몇 선배들이 있었고 안정적으로 월급을 받았다.

그런 내가 이제 전역을 앞두고 있다. 지금은 대위 계급장을 어깨에 달고 있는 8년차 간부이다. 장교는 장기복무자로 선발되면 의무복무 기간이 10년으로 늘어난다. 10년을 채우면 자랑스럽고 명예롭게 전역을 할 것이다. 꿈을 향해 달려가기 위해서이다. 꿈꿔 왔던 요리학교로 가는 것은 아니다. 나의 사업을 하기 위해서이다.

사업을 하는 것은 예전에는 꿈도 못 꾸던 일이었다. 그저 내가 운영하는 레스토랑 하나를 가지는 것이 꿈의 전부였다. 사업은 듣기에는 멋있지만 상당한 위험이 따르는 일이다. 사업은 실패의 가능성이 크다. 안정된 군인의 삶을 포기한다는 것은 위험을 무릅 쓴 도전이다. 그런 내가 사업을 하겠다고 결심한 것은 두려움을 넘어서는 자신감이 생겼기 때문이다.

내게 생긴 자신감은 3B를 나의 DNA로 심은 뒤에 생겼다. 3B는 두려움을 극복할 수 있는 도구이다. 먼저, 바인더(Binder)는 꿈을 명확히 하고 그 꿈을 이룰 수 있도록 삶의 여정을 설계하도록 도와준다. 사업을 하겠다고 결심하고 바인더 '꿈 리스트'에 사업가가 되겠다고 적었다. 그리고 사업가가 될 수 있도록 해야 할 일을 '올해 목표'에 구체적으로 나열했다. 사업 아이템을 선정하고 그것을 구체화시킬 방법을 기록했다. 올해 목표에 적은 목표는 다시 주간단위로 할 일과 일일단위로 할 일로 쪼개고 목표를 적는다. 이런 방법으로 나의 최종 목표와 그 목표를 달성하기 위해 오늘 해야 할 일을 동기화 시킨다. 오늘의 삶과 나의 꿈을 정렬하는 것이다. 자동차의 타이어를 정렬하듯이 우리 삶도 정렬이 필요하다.

많은 사람들이 머릿속으로 막연히 꿈을 생각하는 것에 그친다. 정말 중요한 것은 꿈을 종이에 기록하는 것이다. 종이에 꿈을 기록하는 순간부터 역사가 시작된다. 꿈을 종이에 기록하는 순간 꿈은 막연함에서 깨어나 도달 가능한 목표로 바뀐다. 일종의 프로젝트가 되는 것이다. 프로젝트는 관리할 수 있다. 목표에 다가가기 위해 수많은 징검다리가 놓여질 것이다. 징검다리 하나 하나를 밟아가다 보면 목표에 가까이 갈 수 있다.

가난을 겨우 벗어난 청년이 세계에서 제일 유명한 요리학교에 가고 미국에서 나만의 레스토랑을 운영한다는 꿈은 굉장히 허황된 것이었다. 그 막연한 꿈을 종이에 기록하였다. 너무나 멀게만 느껴지고 거대한 목표이기에 어떻게 이뤄야할지 막막하기 그지없었다. 그러나 꿈을 종이에 기록한 이후부터 놀라운 일들이 벌어지기 시작했다. 어디선가 갑자기 나타난 고모부는 CIA를 졸업한 인재였고, 미국으로 위탁교육을 받으러 갔다가 만난 한 레스토랑에서는 내게 스카우트 제의를 해왔다. 말로는 어떻게 설명이 되지 않는 일이었다. 단지 꿈을 종이에 적기만 했는데 주변에서 나를 도와주는 사람들이 계속 생겨났다.

대부분의 자기계발 서적에서 꿈을 종이에 적으라고 한다. 꿈을 종이에 적으면 꿈이 이루어진다고 했다. 말도 안 되는 이야기였다. 그런데 그 말도 안 되는 일들이 내 삶에서 하나 둘 생겨나기 시작했다. 《시크릿》이라는 책은 이러한 현상을 '끌어당김의 법칙'으로 설명한다. 원하는 바를 계속해서 상상하다 보면 결국 이루어진다는 것이다. 처음 이 책을 읽을 때는 정말이지 하나도 믿지 않았다. 그런데 나중에 《시크릿》의 진면목을 이해하게 되었다. 이 책의 진짜 핵심은 이 두 가지다. 첫째는 목표를 생생히 상상하면 그 목표를 이루기 위해 우리 뇌는 끊임없이 관련된 내용을 생각하게 된다. 그래서 그 목표를 이루기 위한 여러 가지 방법들이 떠오르게 된다. 둘째는 목표를 지속적으로 생각하면 포기하지 않는 힘이 생긴다. 아무리 어려운 목표라도 포기하지 않으면 언젠가는 달성가능하다. 그러나 많은 사람들이 중도에 목표를 잊고 흐지부지 하게 된다. 그런 면에서 바인더는 '끌어당김의 법칙'을 실행하기에 가장 완벽한 도구이다.

두 번째로 책(Book)은 성장을 통해 두려움을 떨치게 해준다. 장사를 하는 사람들의 대부분이 5년을 넘기지 못하고 폐업을 한다고 한다. 그 이유는 무엇일까. 아마도 막연히 장사를 시작해 '잘 되겠지' 하는 마음으로 장사에 뛰어들지 않았을까. 큰돈을 들여 프랜차이즈 가게를 오픈하면 '회사에 다니는 것보다 낫겠지'라고 생각하지만 현실은 녹록치 않다.

책은 미지의 세계에 들어갈 때 큰 도움을 준다. 장사를 한 번도 해보지 않는 사장님들은 장사에 관한 책 10권만 읽어도 장사를 대하는 태도가 달라진다. 한 번도 생각해보지 못한 마케팅 방법을 책을 통해 배울 수 있다. 엄청난 강의료를 지불하는 것도 아니다. 단돈 만 원이면 책 한 권을 사볼 수 있다. 저자가 책 한 권을 쓰기 위해 얼마만큼의 시간을 썼을까 생각해보면 굉장히 저렴한 비용이다. 단순히 책을 쓰기 위해 컴퓨터 앞에서 소비한 시간 이면에는 내공을 쌓기 위한 엄청난 시간이 있기 때문이다.

사업을 하겠다는 꿈을 생각하고 읽은 책이 《생각의 비밀》과 《파리에서 도시락을 파는 여자》이다. 이 두 책은 무일푼으로 시작해 거대한 사업을 이룬 사람의 축적된 노하우가 들어있다. 그리고 《부자 아빠, 가난한 아빠》는 직장인으로는 부를 축적할 수 없으며 사업과 투자를 통해 경제적 자유를 이룰 수 있다고 말한다. 나는 책을 읽으며 어떻게 사업을 시작하고 키워나갈 수 있는지 통찰을 얻었다. 이 책들을 접하기 전까지는 사업은 나와는 전혀 다른 사람들이 하는 일로만 생각했었다.

터미네이터로 유명한 아놀드 슈왈제너거는 처음부터 멋진 몸매를 가지고 있지 않았다. 그러나 사람들은 그를 원래부터 몸이 좋았던 사람으로 생각한다. 자신은 전혀 그런 사람이 될 수 없다는 듯 남의일로만 치부한다. 책은 이 간극을 좁혀준다. 누구나 햇병아리 시절이 있다. 책을 통해서 내가 모르는 영역에서도 성장할 수 있다.

세 번째로 바이블(Bible) 이다. 내가 말하고자 하는 바이블은 종교를 떠나 선한 영향력을 행사하는 것을 말한다. 나와 남을 비롯한 세상에 선한 영향력을 끼치는 것만큼 좋은 일은 없다. 다만 '나는 주변 사람들에게 나눌 것이 없어요', '저에게는 특별한 재능이 없다고요'라고 자신을 낮추는 사람들이 많다. 자신감이 없다. 이는 두려움 때문이다. 누구에게나 특별한 재능이 있다. 요즘 유튜브에서 많은 사람들이 방송을 하는 것을 보면 놀라울 정도다. 낚시하는 영상, 온종일 먹는 영상, 강아지와 노는 영상 등 정말 이런 것도 방송을 하는 주제가 될까 싶을 정도로 별의별 주제들이 등장한다. 이들은 자신의 삶을 사람들과 나누면서 다른 이들에게 위로와 기쁨을 제공한다.

가장 좋은 나눔은 '성장'이다. 자신이 성장한 이야기와 그 방법을 나누는 것이다. 누구나 성장을 원하지만 성장하는 방법을 모른다. 나는 바인더와 책을 통해 성장한 이야기를 나누었고 그것이 커져 강의로 이어지게 되었다. 사람들은 바인더 사용법과 책 읽는 방법을 배우며 행복해했다. 책 읽는 것이 좋다는 것도 알고 꿈을 쓰면 꿈이 이루어진다는 이야기도 어디선가 들었지만 막상 실천해 본 적이 없었다.

처음 내가 했던 나눔은 나의 성장 이야기를 들려준 것에서부터 시작했다. 멋진 강의실에서 여러 사람을 대상으로 강의를 한 것이 아니었다. 주변 사람들 한 명 한 명에게 성장 이야기를 나누는 것에서 시작하였다.

함께 성장하는 것도 좋은 나눔의 방법이다. 그중에 대표적인 것은 독서모임을 만드는 것이다. 매달 혹은 매주 한 번씩 모여 읽은 책을 나누는 것은 최고의 나눔 방법이다. 서로가 서로에게 선한 영향력을 행사할 수 있다. 정기적으로 독서모임을 가지면 약간의 강제성이 부과되니 하기 싫어도 책을 읽게 된다. 이는 자연스럽게 책 읽는 습관으로 이어진다. 책 읽기도 한 번 탄력이 붙으면 나중에는 저절로 책을 읽고 있는 자신을 발견할 것이다.

선한 영향력은 결국 자신의 성장을 가져온다. 다른 사람들과 함께 나누며 성장한다. 성장은 두려움을 이겨내는 가장 강력한 도구다.

가진 것 하나 없이 시작한 나도 3B로 새로운 인생을 개척해나가고 있다. 두려움은 항상 가지고 있다. 지금 당장 이룬 것 하나 없고 정해진 미래 또한 없다. 그럼에도 두려움보다는 기대가 훨씬 더 크다. 바인더로 목표에 점점 다가가는 것을 체험하고 있고, 책을 통해 성장하는 나 자신이 느껴진다. 바이블, 즉 선한 영향력을 끼치며 살아가니 주변에 계속 좋은 사람들이 생겨나고 있다. 두려움을 완전히 없앨 수는 없다. 그러나 두려움을 압도하는 자신감이 있다면 두려움은 더 이상 문제가 아니다.

5

부정에서 긍정으로

아끼던 시계를 잃어버렸다. 고속도로 휴게소 화장실에 두고 나온 것을 깜빡 잊었다. 시계를 잃어버린 것을 알았을 때는 휴게소를 한참이나 지났을 때였다. 스스로를 자책했다. '손을 씻을 때 굳이 시계를 벗지 않았어도 되는데', '시계를 벗어놓은 것을 왜 알지 못했을까' 등 원망의 감정이 일어났다. 한참을 원망한 다음에 떠오른 생각은 대책을 마련하는 것이었다. 우선 휴게소에 전화를 걸었다. 분실한 시계를 찾는다고 물었지만 접수된 시계는 없다고 했다. 시계를 찾는 것은 포기하고 다음으로 새로 시계를 살 계획을 세웠다. 다가오는 주말에 가까운 백화점에서 비슷한 디자인의 시계를 사기로 했다.

여기서 중요한 것은 결국 새로운 시계를 사기로 결심했다는 것이다. 그런데 나는 쓸데없는 곳에 마음을 쏟았다. 바로 원망이었다. 시계를 잃어버린 것은 이미 일어난 일이었다. 잃어버린 시계를 찾거나 새로 살 대안을 세우는 데 집중했어야 하는데 이미 벌어진 과거에 집착했다. 아무리 고민을 한다고 해서 돌이킬 수 없는 일에 에너지를 낭비했다. 부정적인 마음에서 벗어나지 못했기 때문이다.

긍정적인 사고를 한다는 것은 좋지 않은 일에도 부정이 아닌 긍정을 바라보는 것이다. 좋은 일에 긍정적인 반응을 하는 것은 누구나 할 수 있다. 진정한 긍정적인 사고는 좋지 않은 일이 생겼을 때 긍정적인 생각을 하는 것이다. 잃어버린 시계를 걱정하기보다 새로운 시계를 사겠다는 생각을 하는 것이 긍정적인 사고이다. 결과적으로 어차피 새로운 시계를 살 것이었으면 걱정을 하며 시간과 마음을 낭비하는 것보다 새로운 시계를 맞이할 설렘으로 사고를 전환하는 것이 좋다.

두 살 터울의 남동생이 있다. 어머니의 생일을 맞아 가족이 모여 식사할 자리가 있었다. 나는 멀리서 근무하는 관계로 식사에 참석하지 못하고 아내가 대신 참석했다. 식사가 끝나고 아내와 동생이 나의 과거 이야기를 주제로 이야기를 나누었다. 동생의 말에 의하면 지금의 나는 개과천선 했다고 한다. 어렸을 때 나는 동생을 많이 때렸고 성격도 괴팍했다. 매사에 짜증이었고 불만이 많았다. 그도 그럴 것이 삶에 만족이 없었다. 가난한 집안 환경을 탓하고 제대로 교육받지 못한 부모를 원망했다. 항상 나 자신이 아니라 주변 환경을 탓했다. 이혼한 부모님을 탓했고, 가난한 우리집 형편을 탓했고, 집안 환경이 좋은 집을 부러워했다. 나 스스로 환경을 개선할 생각은 하지 않았다.

아무리 원망하고 슬퍼해봐야 상황은 바뀌지 않는다. 바뀌지 않는 상황을 탓하는 것은 결국 나만 손해이다. 당시에는 할 수 있는 것이 원망밖에 없었다. 아니, 정확하게는 할 줄 아는 것이 원망밖에 없었다. 어떻게든 상황을 벗어나려는 노력을 하기보다 다른 사람을 탓하며 세월을 보내고 있었다.

내 삶을 지배하던 부정적인 사고를 긍정적인 사고로 전환한 것은 3B 때문이었다. 특히나 B&B의 도움이 컸다. 바인더와 책의 힘은 상상 이상이다. B&B 덕분에 부정적인 상황에서 탈출할 수 있었다.

바인더는 작은 성취를 이룰 수 있도록 도와준다. 바인더는 매일 매일 할 일을 기록하고 평가한다. 백지에 뭐라도 적어야 한다는 생각이 저절로 들게 되고, 이는 스스로 할 일을 찾게 도와준다. 무엇인가 원망할 시간을 주지 않는다. 할 일을 바인더에 적게 되고 할 일이 있는 사람은 원망할 시간이 없다. 나 스스로가 만들어낸 일을 완수해야 하기에 분주하다. 바인더를 통해 크고 작은 일을 하나씩 해치워 나간다. 작은 성취를 계속해서 이어가면 자신감이 생긴다. 작은 것이라도 성공하는 경험이 쌓이면서 자존감이 점점 높아진다.

나의 꿈 리스트 중에는 가족과 관련된 항목이 있다. '사랑 가득하고 존경받는 남편, 아들, 사위, 아버지가 되는 것'이다. 나의 경우 부모님이 원만히 지내지 못했고 결국 이혼을 하게 되었다. 부모의 이혼 경험이 내 인생에도 반복된다면 이보다 끔찍한 것이 없다는 생각이 들었다. 이런 불행한 일이 나의 삶에 되풀이되지 않기 위하여 항상 이 목표를 바인더에 적어놓고 있다. 항상 마음에 새기는 것이다. 스스로에게 세뇌를 시킨다.

'나는 사랑받는 남편이자 존경받는 아버지가 될 것이다.'

꿈 리스트를 적을 때는 절대로 부정적인 단어는 기록하지 않는 것이 좋다. 나의 경우 '아버지처럼 살지 않기'라고 적는 것은 부정을 달고 다니는 일이다. 목표는 선명하면 선명할수록 이루어질 확률이 높다. 그래서 꿈을 이미지로 표현하고 중요한 꿈은 이미지로 인쇄하여 여러 군데 붙여놓는 것이 좋다. 그런데 부정적인 목표는 부정적인 상황을 지속적으로 떠올리게 한다. 그래서 부정적인 것을 하지 않게 되는 것이 아니라 부정적인 목표를 계속 떠올리게 만든다.

나는 공포영화를 극도로 싫어한다. 중학교 때 공포영화를 처음 보았는데, 그 뒤 어두운 곳만 가면 괜히 그 전에 보았던 영화의 내용이 떠올랐다. 그 영향으로 지금도 어두운 곳에 혼자 있으면 무섭다. 부정적인 것은 한 번의 각인으로도 인생에 큰 영향을 미치니 조금이라도 근처에 가지 않는 것이 좋다. 특히나 꿈을 기록하는 것에는 부정적인 단어는 절대 쓰지 않기를 바란다.

유명한 운동선수들이 종종 슬럼프에 빠졌다는 이야기를 듣는다. 반면 유명하지 않은 선수들이 슬럼프에 빠졌다는 이야기는 듣지 못한다. 슬럼프는 전성기가 있어야 생기는 것이기 때문이다. 슬럼프도 치열하게 삶을 살아내는 사람에게 찾아온다. 나 또한 여러 번의 슬럼프가 있었다. 때로는 바인더를 쓰기 너무 귀찮을 때도 있고, 대충 살고 싶은 마음이 들 때도 있었다. 그럴 때마다 다시 마음을 잡아주는 것이 책이었다.

책은 두 가지 종류가 있다. 하나는 어떤 분야에서 최고의 사람들이 자신들의 노하우와 경험을 쓴 책이다. 다른 하나는 평범한 사람들이 자신의 삶을 풀어낸 책이 있다. 두 가지 책 모두 슬럼프를 이겨내는 데 큰 도움을 준다. 전자는 내가 가진 어려움을 전문가의 식견과 경험을 통하여 슬럼프를 이겨낼 수 있는 지혜를 얻을 수 있다. 후자는 나와 같은 문제를 겪고 있는 사람들의 이야기에 공감과 위로를 받는다.

책은 지속적인 성장의 도구이기도 하지만 꺼져가는 모닥불을 살려내는 역할도 한다. 모닥불도 주기적으로 나무를 넣어주지 않으면 불이 꺼진다. 모닥불이 꺼지기 전에 주기적으로 나무를 넣어줘야 한다. 우리 삶도 마찬가지다. 주기적으로 연료를 넣어주어야 하는데, 그 연료는 바로 책이다. 책은 꺼져가는 인생을 활활 타오르게 만들 수 있고, 물에 빠진 인생을 건져낼 수도 있다.

영화 〈캐스트 어웨이〉에서 주인공 남자는 비행기가 폭파되어 어느 무인도에서 혼자 지내게 된다. 몇 년의 시간을 무인도에서 보내고 뗏목을 만들어 가까스로 무인도를 탈출한다. 뗏목에는 그와 함께 무인도에서 지내던 배구공 '윌슨'도 함께 탔다. 뗏목을 타고 바다 한가운데를 떠돌던 어느 날 거센 폭풍을 만나게 된다. 가까스로 폭풍을 버텨내고 탈진한 몸을 일으켰을 때 윌슨이 바다에 떠내려가는 것을 발견한다. 남자는 뗏목과 자신을 밧줄로 연결하고 바다로 뛰어들었다. 윌슨을 잡아보려 했지만 수영 속도보다 윌슨이 조류에 떠내려가는 속도가 훨씬 빨랐다. 윌슨과의 작별이었다. 주인공은 너무나 슬퍼하며 윌슨을 보내주게 된다.

만약 이때 자신과 뗏목을 묶고 있던 줄을 끊고 윌슨을 잡았다면 어떻게 되었을까? 아마도 다시는 뗏목으로 돌아갈 수 없었을 것이다. 조류를 이겨내고 뗏목으로 다시 돌아가는 것은 수영선수에게도 어려운 일이기 때문이다.

이처럼 삶에는 무수한 선택의 순간과 마주하게 된다. 같은 상황에서 누구는 긍정을 택하고, 누구는 부정을 택한다. 선택은 온전히 자신의 몫이다. 부정을 택하면 더욱 더 부정으로 향하게 된다. 관성의 법칙이 작용한다. 어둠은 더 깊은 어둠을 낳는다. 부정에서 긍정으로 헤엄쳐 나오기 위해서는 혼자의 힘으로 어려울 수도 있다. 이때 자신의 목표를 종이에 적는 것만으로도 긍정으로 가기 위한 초석이 된다. 책을 펴고 한 줄만 읽더라도 삶이 바뀔지 모른다. 삶을 살아가는데 큰 위로와 용기, 그리고 지혜를 얻을 수 있다. 지금 이 순간 힘들고 어려운 일에 처한 사람이 있다면 B&B로 인생의 빛을 발견하기를 권한다.

5

내가 만난 놀라운 기회들

3B를 만나기 전까지 오늘은 있지만 내일은 없는 삶을 살고 있었다. 하루하루를 최선을 다해 살고 있었지만 막연한 미래에 대한 두려움이었다. 어느 것 하나 확정된 바 없었고 불투명했다. 미국으로 유학을 가는 것, 한국에서 미국으로 가기 위한 돈을 모으는 것, 한국에서 어떤 일을 해야 하는지 고민의 연속이었다. '어떻게든 되겠지' 하는 막연한 생각만 있었다. 명확한 계획이 없으니 마음 한 곳에 두려움이 항상 자리 잡고 있었다.

군인이 된 것도 두려움을 잠시나마 이겨내기 위한 선택이었다. 어쩌면 현실도피였을지도 모른다. 교대를 졸업하고 임용고시에 떨어지니 시험만 떨어진 것이 아니었다. 인생 자체가 실패한 기분이었다. 의무복무를 하러 공군에 입대했고, 장교로 임관한 이후에도 두 번이나 임용고시에 도전했지만 준비를 제대로 하지는 않았다. 공부는 하지 않고 경험삼아 임용고사장에 앉아있었다. 시험을 치르고 고사장 밖으로 향하는 발걸음은 무거웠다.

공군장교의 의무복무 기간은 3년이다. 3년을 마치면 전역을 하거나 혹은 복무 중에 연장복무나 장기복무에 지원을 할 수 있다. 나는 생명을 조금 더 연장했다. 2년 연장복무를 선택하였다. 그리고 일 년 뒤 장기복무에 지원하여 군대에 말뚝을 박았다. 비정규직에서 정규직 노동자로 신분이 바뀌었다.

나의 선택은 최선이 아닌 차선책이었다. 어머니는 전문대를 가라고 했지만 나는 기어코 삼수 끝에 교대를 갔다. 교대를 졸업하고 교사를 하지 않고 군인이 되었다. 장교로 임관해서 군인을 그만둘 생각부터 했다. 장교가 직업이 되고는 목표를 '전역하기'로 정했다. 최고의 선택이 불가능하면 차선을 택했다. 마냥 죽으라는 법은 없었다.

결과적으로 차선을 선택한 결과가 인생을 바꾸게 되었다. 군대에서 B&B를 알게 된 이후 막막한 삶에 빛이 비치기 시작했다. 어두웠던 미래가 점차 바뀌어 가는 것을 느낄 수 있었다.

바인더는 이곳저곳을 기웃거리던 내 삶에 나침반이 되어주었다. 목표를 종이에 적는 순간 마법처럼 모든 것이 바뀌기 시작했다. 미국에서 나의 레스토랑을 가진 요리사가 되고 싶다고 바인더에 적었다. 이 목표를 이루기 위해서 올해 할 일과 이번 주에 할 일, 그리고 오늘 할 일을 종이에 적었다. 꿈을 이루기 위해서 해야 할 일을 명확히 알게 된 것이다.

그러던 중 우연히 미국 공군으로 연수를 떠나게 되었다. 미국 연수 지원자가 아무도 없었고 추가모집으로 지원했더니 선발이 되었다. 전역을 목표로 하고 있었기 때문에 처음부터 해외연수에 지원하지 못했다. 공군과 공군에 근무하는 다른 사람들에게 미안했기 때문이다. 바인더에 미국에 가고 싶다고 꿈을 적었더니 미리 미국에 다녀올 기회를 받은 것 같았다. 하늘이 도운 기회였다. 바인더에 쓴 한 줄의 목표가 결국 미국까지 인도하게 된 것이다.

　미국으로 가서는 영어에 대한 공포를 극복할 수 있었다. 5개월의 짧은 연수기간이었기에 완벽한 영어 구사를 할 수는 없었다. 영어보다 중요한 수확은 미국에서 살아남을 수 있겠다는 자신감을 얻었다는 것이다. 영어로 대화를 할 수 있고 일상생활을 유지할 수 있었다. 유창하지는 않지만 충분히 의사전달이 가능했다. 앞으로 어떻게 영어를 공부해야 되는지도 알게 되었다. 영어권에 산다고 영어 능력이 향상되는 것이 아니었다. 스스로 노력하지 않으면 한계에 부딪힌다는 것을 깨달았다. 미국에 가서 살지 않는 이상 결코 느낄 수 없는 체험이었다.

　한국에 돌아와서도 B&B를 통한 놀라운 일은 계속 일어났다. 서울에서 열리는 독서토론 모임에 참석하였다. 마침 그날은 《창업자금 23만 원》을 쓴 전지현 작가의 특강이 있던 날이었다. 여기서 아내를 처음 만났다. 우연히 같은 테이블에 앉게 되면서 인연이 시작되었다. 마침 아내도 바인더를 쓰고 있던 터라 B&B 동지를 만난 기분이었다. B&B를 통해 놀라운 인연이 시작되었다.

　바인더는 혼자만 알고 있기 아깝다. 좋은 것은 주변 사람들과 함께 나누어야 한다. 일대일 개인지도로 시작하여 백 명이 넘는 사람들을 대상으로 강연을 하게 되었다. 바인더 강의가 입소문이 나면서 여러 사람들이 나를 찾았다. 공군에서는 높은 계급에 위치한 사람들부터 병사들까지, 군대 외에서는 부동산이나 외식 사업을 하는 사람들을 만나게 되었다. 외식 사업을 하는 사람들과의 만남은 새로운 기회를 만들어주었다.

나는 외식 사업을 통해 부를 축적하고 싶었고, 아내는 CEO가 되는 것이 꿈이었다. 이 둘 사이에 교집합이 생기게 되었다. 어느 날 제안이 들어왔다. 레스토랑 분점을 새로 열게 되었는데 식당 운영을 해달라는 요청이었다. 공무원 신분이라 외식 사업을 할 수 없는 내게는 그림의 떡 같은 제안이었다. 마침 그때 아내가 생각났다. 아내는 당시 중소기업에서 해외 영업을 하고 있었다. 아내에게 그 제안을 넘겼다. 레스토랑 운영을 해보는 것이 어떠냐는 제안을 수락하였다. 한 번도 외식업을 꿈꾸지 않은 그녀였지만 경영을 해보고 싶다는 욕구가 충족되어 직장을 옮기게 되었다.

지금은 사업을 하는 사람들과 정기적으로 모여 독서모임을 운영하고 있다. 한 달에 한 번 각자 성공과 성장에 관한 책을 읽고 토론을 한다. 독서모임을 위해 토론 자료를 작성하는 일은 번거롭지만 그 과정에서 배우는 것이 있다. 읽은 책을 정리하는 과정에서 책의 핵심이 보이기 시작한다. 저자가 무슨 말을 하고 싶었는지 파악하게 된다. 그리고 독서모임에서 자신이 읽은 책을 발표하고 다른 사람들과 토론하는 과정에서 새로운 통찰이 생기기도 한다.

나는 아무것도 없이 출발했지만 지금은 두 손에 가진 것이 많다. 왼손에는 '바인더'가 있고 오른 손에는 '책'이 있다. 그리고 가슴에는 '바이블'이 있다. 어떻게 성장하느냐가 아니라 얼마나 성장하느냐로 관점이 바뀌었다. 성장하는 방법을 알게 되었기 때문이다.

바인더에 목표를 기록하는 순간 그 목표는 절반이나 이룬 것이나 다름없다. 책은 미지의 영역에 대한 두려움을 극복할 수 있는 소중한 도구이다. 관심 있는 영역이 있다면 해당 분야 관련 책 10권을 사서 읽으면 된다. 그러면 자연스럽게 깊이와 통찰이 생긴다. 그리고 배운 것을 주변에 나누어준다. 바이블의 핵심은 사랑이고, 사랑은 선한 영향력, 즉 나눔이다.

요즘은 나눔의 채널이 다양하다. 직접적으로 주변 사람들에게 나누는 것은 물론이고 유튜브나 소셜 미디어를 통해서도 얼마든지 나눌 수 있다. 나누면 나눌수록 영향력이 커진다. 나는 매일 타인을 위한 배려가 나의 성장으로 되돌아오는 놀라운 일을 경험하고 있다.

사소한 차이가 인생을 바꾼다

나는 3B를 알기 전까지는 지극히 평범한 사람이었다. 평범하다 못해 열등감에 사로잡혀 있었다. 그런데 바인더를 알게 되면서 서서히 삶이 바뀌었다. 책을 읽으며 성장했고, 바인더와 책을 통한 성장의 열매를 주변 사람들과 나누었다. 그러면서 점점 특별한 사람으로 바뀌어갔다.

바인더 강의를 할 때마다 사람들에게 자신의 꿈을 적어보라고 한다. 30개를 적는 사람이 있는가 하면 단 한 개도 쓰지 못하고 머뭇거리는 사람도 있다. 꿈이 없는 사람들을 대신해서 꿈을 만들어 줄 수는 없다. 꿈은 스스로 만들어야 한다. 그 어떤 누구도 대신할 수 없다. 나는 다만 꿈을 향해 나아가고자 하는 사람들을 돕고 싶었다. 오늘보다 더 나은 내일을 살고자 하는 사람, 그런데 그 방법을 모르는 사람들이 많다. 나 또한 그 수많은 사람들 중 한 명이었다. 그동안 참 많은 방법들을 시도했고 시행착

오도 많이 겪었다. 좌절하고 넘어졌다. 그렇지만 포기하지 않았고 그 결과 3B를 만나 평범했던 인생을 특별하게 바꾸었다.

삶을 바꾸고 싶은가? 여기 인생을 바꾸는 3가지 방법이 있다.

첫째, 바인더(Binder)를 쓰자. 정확하게 말하자면 종이에 꿈과 목표를 쓰자. 제일 먼저 나의 존재 이유, 사명을 적는다. 그리고 사명을 이루기 위한 비전을 쓴다. 비전은 사명을 이루기 위한 방법이다. 다음으로 꿈을 쓴다. 버킷 리스트다. 죽기 전까지 하고 싶은 일을 나열한다. 되고 싶은 모습, 하고 싶은 일, 갖고 싶은 것, 가보고 싶은 곳, 나누어 주고 싶은 것, 그리고 평생해서는 안 되는 일도 적는다.

올해 목표도 적는다. 올해 목표는 꿈을 이루기 위해 올 한해 해야 할 일이다. 꿈만 있는 사람은 꿈을 이룰 확률이 낮다. 꿈을 이루기 위한 구체적 계획을 수립해야 한다. 그것이 바로 올해 목표다. 올해 목표를 보다 구체화 시킨 것이 주간목표와 일일목표다. 올해 목표를 성취하기 위한 아주 구체적인 목표를 주간과 일일 단위로 나누어 기록한다. 그리고 매일 삶 속에서 실천한다.

둘째, 책(Book)을 읽자. 매주 최소한 한 권의 책을 읽는다. 성공한 사람들은 책을 읽는다. 책을 읽는 정도가 아니라 책을 끼고 산다. 반면 평범한 대부분의 사람들은 책을 읽지 않는다. 책을 읽는 소수의 사람 중에서도 책을 읽고 '좋다'로 끝내버린다. 책을 읽는 근본적인 이유는 변화하기 위함이다. 실천 없는 변화란 없다. 매주 최소 한 권의 책을 읽고, 삶에 한 가지 이상 적용해보자.

셋째, B&B(바인더와 책)로 알게 된 것을 주변 사람들과 나누자. 나눔을 다른 단어로 바꾸어 표현하면 선한 영향력(Bible)이다. 선한 영향력은 주변 사람들을 섬기는 것이다. 다른 사람을 성공시켜주는 삶이다. 진짜 성공하고 싶다면 나의 성공이 아닌 주변 사람들을 성공을 바라야 한다. 성경에 이런 구절이 있다.

> 너희 가운데서 누구든지 위대하게 되고자 하는 사람은 너희를 섬기는 사람이 되어야 하고, 너희 가운데서 누구든지 으뜸이 되고자 하는 사람은 모든 사람의 종이 되어야 한다. 인자는 섬김을 받으러 온 것이 아니라 섬기러 왔으며, 많은 사람을 구원하기 위하여 치를 몸값으로 자기 목숨을 내주러 왔다. - 마가복음 10:43~45

예수님은 성공하고자 한다면 다른 사람을 섬기라 했다. 예수님만이 아니다. 준오헤어의 강윤선 대표는 직원들을 성공시키려 노력한 것이 자신의 성공비결이라 했다. 그는 준오아카데미를 통해 직원들의 끝없는 성장을 위해 노력한다. 배달의 민족을 만든 김봉진 대표는 직원들이 최고의 회사에서 일할 수 있도록 일터를 가꾸려 노력한다고 했다. 주 4.5일 출근제, 도서비 무한 지원, 우아한 휴가제도를 운영하는 것은 회사 구성원들을 위한 것이다. 세상에서 가장 큰 도시락 회사, 〈스노우 폭스〉의 김승호 회장은 일반인들을 대상으로 정기적으로 강의를 한다. 성공에 목마른 사람들을 위해 낙숫물을 붓는 것이다.

　3B로 인생을 바꿀 수 있다. 바인더와 책, 그리고 선한 영향력은 평범한 사람이 특별해질 수 있는 방법이다. 그리고 정말 중요한 한 가지가 있다. 바로 실천이다. 비단 3B뿐이겠는가. 세상 그 어떤 것도 실천하지 않으면 달라지지 않는다.